実話怪談
凄惨蒐

神沼三平太

竹書房
怪談
文庫

※本書に登場する人物名は、様々な事情を考慮してすべて仮名にしてあります。また、作中に登場する体験者の記憶と体験当時の世相を鑑み、極力当時の様相を再現するよう心がけています。現代においては若干耳慣れない言葉・表記が登場する場合がありますが、これらは差別・侮蔑を意図する考えに基づくものではありません。

まえがき

怖いもの見たさで、ずっと色々な話を聞き集めてきた――。

そのほとんどは過去に書籍としてまとめてきたが、聞き集めた中には、それら折々の書籍のフォーマットには収まらないような話が混ざってくることがあった。具体的には二十ページを超えるような話がそれに当たる。勿論一連の話を短く切り刻んでしまっても、話としては成立させられるのだが、一連の話は一連の話として一つところにまとめたいという欲求があった。体験談を提供してくださった方には、今のシリーズが一段落ついたら必ず書きますから、まとめますからと、何年にも亘ってお待ちいただいた。今回やっと書き上げることができたのだが、お待ちいただいただけのものには仕上がったと思う。

勿論、他の話も本書のタイトルに相応しいものだけを選んだつもりだ。

本書が疫病に沈みがちな日常の、心のなぐさみの一つにでもなれば幸いである。

いつものことではあるが、本書を通じて何が起きても恨みっこなし。

お互い無事でしたら、再度巻末でお目にかかりましょう。

著者

目次

虫の知らせ

警備会社に勤めているときに、吉村さんというくたびれた男性と知り合いになった。

彼とは時折激しく喧嘩をする程度には馬が合わず、決して仲は良くなかった。

あるとき、その彼に呼ばれて、時間あるかと問われた。普段と違って、真面目な顔をしているので、身構えてしまう。

「ええ、大丈夫ですよ」

そう答えると、彼は片方の口の端を上げた。

「ちょっと長くなるけど話を聞いてくれるかな」

何の話をするのだろうか、また何かからかわれたりするのかと考えていると、彼は自分の生まれ故郷の話を始めた。

「俺の出身は九州でね。ほらちょっと珍しい姓だろ」

ここでは仮名にしているが、確かに彼の姓は珍しいものだった。そして彼の一族は、江戸時代よりもはるか以前に、幾度かの戦に敗北し、九州の山奥にまで逃げ落ちたらしい。

そのとき、現地の農村を乗っ取る形でその地に腰を据えたという。

しかし土地は貧しく、農業だけでは食べていけなかった。それゆえに、周囲の村を荒らす山賊のような真似をずっと生業《なりわい》としてきた――。

「うちの爺さんくらいまでは、そうやって生きてきたみたいだよ。近親婚も多かったからだと思うけど、うちの村は早死にが多くてな。しかも女が殆ど生まれない。生まれるのは男ばかりだよ」

だが、村の中での婚姻をしようにも、男ばかりでは子孫が絶えてしまう。

「だから周りから拐《さら》ってきていた。まぁぶっちゃけ誘拐だな。街に出ては親の見ていない隙を狙って赤ん坊やら子供やらを拐ってきて、まるで家で生まれました、みたいな顔をして育てるんだ。そうすれば一族の血が絶えることがない」

でもね。

吉村さんはそこで一旦言葉を切った。

「俺はそんな村に嫌気が差してね。一族の残りもあと二十人ってところだったし、見限って東京に飛び出したんだ。親族には大学に行くと言ってね。大学を卒業すれば立身出世だ、これで一族も安泰だっていうんで、東京に出るのを許された」

一族の論理としては、吉村さんが稼いだ金は、一族のものだという話だった。

他にも女を連れてこいとも言われた。結婚して集落に女を連れてこい。そうしたらその女は一族のものだ。他の者達で世話をするから、次の女を連れてくるために、お前はまた都会に出ろ——。

そう言い含められていた。

だが、彼は卒業しても帰らなかった。そもそも彼は定職に長く就くことができなかった。性格なのか何なのか、本人にも説明ができないというが、とにかく一箇所に腰を据えて仕事をするということが、若い頃には非常に難しかったのだそうだ。

「俺は、多分そういう血なんじゃないかなって思うんだよ。一族の他の人たちも、あそこの土地から出ていけないから、辛うじてあの集落に縛られているってだけでね。もし俺みたいに都会に出たなら、出た全員が仕事を転々とするしかないような、そんな性格なんだよ。一族全員がね」

自嘲なのか、自分の血への諦観なのか、吉村さんは〈ははは〉と乾いた笑いを上げた。

ただ、そんな彼にも長めに就いていた職がある。それは画廊兼絵のバイヤーだった。海外で、適当な新人の絵を安く買い叩いてきては、何も分からない金持ちにそれっぽく売りつける——そんな詐欺まがいの会社に勤めていたという。

この新人は伸びますよ。今が投資するには最適ですよ。

そう言ってくすぐれば売れた。当時がバブルだったというのも大きかった。

吉村さんがその会社に勤め続けたのは、決して絵に興味があったからではない。単に金回りが良かったからだ。

「本当にいい絵もあったかもしれないけどな。俺にはよく分からなくてさ。今が買い時、あと何点しかないから、早く契約しないと大損しますよって、本当に適当な感じに煽って売り抜けてたから、散々恨みも買ったと思うよ。でもそれは俺のせいじゃなくて、その会社のせいだよな。恨まれるのは社長だよね」

社長も相当恨まれて死んだけど自業自得。俺は悪くないんだよ、と彼は取り繕うような笑顔を見せると、その画廊での仕事を教えてくれた。

扱う中には奇妙な絵も色々あった。

そのような絵を扱う専門の人も何人か雇われていた。

「とにかく金持っていると、人ってのは何を考えるか、俺にはよく分かんないんだよ。持っていると変なことが起きる絵とかさ、一部の金持ちには大人気なんだ。俺には全く理解できないけどね。金になるからそういう絵だって仕入れる」

仕入れた絵は、海外から到着し次第、すぐに売り捌いた。

何故なら、画廊に置いておくには剣呑な絵も少なからずあったからだ。

表面に傷が付いていく絵などは序の口で、一晩のうちに画廊の全部の絵が裏返るということもあったし、額装した表面のガラスに爪痕が付く絵などもあった。

「困る絵ってのはさ、人が死んじゃう奴ね」

持っているだけで不幸を振り撒く絵というのは、彼自身何枚か仕入れたことがあるというが、その中でも「死ぬ絵」は扱いに困ったという。

あるとき、持っていると死ぬ絵が手に入ったと国際電話で報告を受けた。すぐさま好事家《こうずか》の一人に連絡を取り、空港で取り引きした。会社に持ち帰るなと厳命されていた。

その二日後に、その好事家は絵の前で自殺していた。

「遺族がその絵をもう一度引き取ってほしいとか連絡してきたんだけど、そういうの困るからって、また他の客に回したんだよね」

そこでも死んじゃったみたいだけど――。

吉村さんはサラリと怖いことを言って、〈ははは〉と軽く笑った。

だが、その画廊もバブルが弾けて資金繰りが悪くなり、社長は首を括った。

残った絵は社長の遺体が揺れる下で、吉村さんの手で適当に売り捌いて逃げたという。

「いや、他にも悪いことはしたけどね。結局俺も最後は普通の会社員になったんだよ」

職を転々とするのも疲れたので、だらだらと働ける会社でだらだらと働き、平和に定年退職した。その後警備員になったという。

「――そういえば、出身の集落のほうにはお金を送ったりしてたんですか」

「する訳ないじゃん。勝手な話ばかり言う奴らなんだよ。俺の親族ってのは。もし俺が田舎に帰ったとするだろ。そうしたら俺の免許証とか身分証明書とか、勝手に全部コピー取ってさ、俺の名前で借金して回るような、そんな奴らなんだ。そういうのが当たり前の世界よ。あの集落の奴らも、あと俺も。出が山賊だからね。山賊の考え方が染みついちゃってんのよ」

吉村さんは、取り出した煙草に火を点けた。

「それでさ――」

彼は何処か遠くを見るような目をした。

「俺にはまだ村での因縁もその画廊での因縁も付いて回っている気がしててね。山賊の子孫で、その後も長らく人を騙すことをしてたからかな。何でかな。そういうことを他人に話したくなっちゃってさ。懺悔《ざんげ》とは違うんだけどな。何て言うのかな――」

彼は、ボリボリと頭を掻くと、よく分かんねぇやと呟いて、こちらに視線を向けた。

「聞いてくれてありがとね」

普段こんな話をする人物ではない。日頃、見栄を張った言い方ばかりする人で、仕事の指示も聞いてくれず、いつも喧嘩になるような人だったのに。一体どういう風の吹き回しだろう。

それから二週間しないうちに、吉村さんがバイク事故を起こして首から下が動かなくなったので、もう現場には出られないとの報告があった。これから先の人生、一生そのまだろうとのことだった。

彼には仲の良い人もいないというので、周囲で見舞いに行くのは上司のみだった。吉村さんは、自分の弱った姿を見られたくないのか、上司の見舞いも断るほどだったという。

あれは色々と終わってしまう前に、人に話しておきたかったのだろう、そういう虫の知らせがあったのだろう——そんなふうに考えている。

デザイナーズチェア

「有り体《てい》に言えばゴミ屋敷でしたね」

廃品回収業兼リサイクル店に勤めている宮下さんの話である。

「管理会社の人の話では、その住人が急に椅子ばかり買い始めたって話でして」

そこだけを聞くと、どうも認知症の症状のようにも思えたが、その仕事の後で、彼の会社でも色々と気持ち悪いことが起きたという。

「だから覚えているんですよね。印象深くて。このところ色々忙しすぎて、一つ一つなんて覚えていられないんですよ。遺品の買い取りもやたら増えてますし」

当時の社長の佐藤さんが受けてきた依頼は、孤独死した男性の家の遺留物を破棄してほしいという案件だった。先方からは、室内のものを全て回収してほしい。回収したものはどう扱っても構わないというオファーだった。それなら難しい判断は不要だということで、何度も似た仕事をしている社員に任せるべく、社長は宮下さんに対応を丸投げしたらしい。

それは彼の会社ではよくあることだったという。

実際に現場に足を運ぶよりも先に、宮下さんがネットの地図サイトで住所を確認してみると、古い木造の賃貸住宅が建っていた。見たところ築年数も半世紀近いか、それを越えているだろうし、シロアリにもやられていそうだ。その上事故物件となったら、もう借り手は付かないだろう。

——おとなしく全部ぶっ潰しちまえばいいのに。

宮下さんの脳裏に浮かんだその考えが、得体の知れない危険を避けるために、自分の脳がでっち上げた危機回避のための信号だったと気付いたのは、大分後になってからだった。

彼は見積もりを兼ねてその家を訪れた。

案内をしてくれた困り顔のまま半世紀を生きてきたような顔の管理人は、皺《しわ》の寄った眉間にますます力を入れながらため息を吐いた。

「この状態なんで、本当に困っちゃってるんですよ」

顔を見れば分かりますよと答えたかったが、そこはぐっと飲み込む。

「どっからこんなにたくさん持ってきたんでしょうねぇ」

ドアの向こうには、無数の椅子で作られた山があった。バリケードかジャングルジム、それとも何かの現代芸術のオブジェでも組み上げたかのように、椅子の脚が複雑に絡み合っている。

それを眺める管理人は、最初から逃げ腰で、開けたドアから中に入ろうともしない。その様子を見ながら、宮下さんは提案した。

「ちょっと室内に入る前に、庭に回らせてもらっても良いですか」

庭からなら、ガラス窓を通して、内側の様子がより分かりそうな気もしたからだ。

しかし、庭に回ってみると、こちらはこちらで案の定、パンパンになったゴミ袋が山になっていた。これも想定内だった。これらのゴミ袋も破棄しなくてはいけない。見積もりに追加する。

――搬出だけでもスタッフは三人。それでも午後一杯掛かる仕事になるな。

頭の中で見積もりを算出しながら、窓からリビングダイニングらしき場所を覗き込むと、やはり椅子が絡み合って、部屋の中は歪なジャングルジムのようになっているのが見えた。鍵が掛けられているので、窓は椅子を出し終えるまでまともに開けることができない。そちらからの搬出は絶望的だ。

よく観察してみると、バリケードを作るのに使われている椅子は、どれも共通して成形合板の背座一体型のシェルから金属製の脚が伸びているものだ。しかもその座面の一つ一つの裏側には、丁寧にお札が貼り付けられている。

成形合板の椅子とは、薄いベニヤ板を接着剤で張り合わせ、湿度と熱を加えながら成形したものだ。軽くしなやかで丈夫、デザイン性も高いので人気がある。

宮下さんは、その椅子のデザインに見覚えがあった。

「何でだ？」

思わず口に出すと、困った顔の管理人に聞こえたのか、彼はボソボソと話し始めた。

「アタシも、何度か近隣から苦情が入ったので、居住者だった御老人とも相談させていただいてたんですが、この状況でしょう。何度お願いしても改善しなくてね。あるときから椅子が増え始めたと思ったら、あっという間に家の中がバリケード張ったみたいになっちゃって、立ち入りも難しい感じで、ほとほと諦めてたんですよ――」

おいおい。管理人なら諦めるなよ。

そう嫌味の一つも投げつけてやりたかったが、気持ちは分からないでもない。得体の知れないまじないのようなものには触れたくないものだ。

「それじゃ、ちょっと中も見せてもらいますね」

男性は玄関のドアのすぐ内側で、丸くなるようにして亡くなっていたらしい。つまり今、カビた革靴を土足で跨《また》ぎ越した辺りが、最期の場所ということだ。

心の中で合掌しながら室内に入ると、無造作に組み合わされたようにも見える椅子製のジャングルジムは、外から見たときよりも圧があり、何かこれを完成させなくてはならなかったという執念のようなものまで感じさせられる。

見れば庭で確認した通り、椅子一つ一つの裏側に自作したお札が貼り付けられている。

だが、宮下さんが注目しているのはそこではない。

この製品なら、ちゃんと積み重ねておけば、場所も取らないはずなのに。

確か十脚以上スタックできるはずだ。

宮下さんは、元々デザイナーズの中古家具を扱いたくて、リサイクルショップの会社に就職したのだ。当然ながら、デザイナーズチェアについてもマニアックな知識を持っている。

だが、現場の見積もりではそんなことはおくびにも出さない。

「それじゃ、これ全部搬出します。庭のゴミ袋はサービスで片付けておきますから」

営業用の笑顔で差し出された見積もりに、管理人は特に文句もないようだった。

「それでその椅子は、殆どがリプロダクトものっぽいんですけど、どれも北欧の人気デザイナーのデザインしたものでした」

会社に戻った宮下さんは、佐藤さんにそう報告した。

リプロダクト家具は、ジェネリック家具とも呼ばれる。いわゆる巨匠のデザインした椅子は、デザイナーズ家具と呼ばれるが、そのデザインは永遠にオリジナルを出した会社のものではない。日本では二〇二一年現在、意匠権の登録から二十五年を経過したデザインに関しては、意匠権切れとなる。そうなると誰でもそのデザインを利用できる訳だ。

この制度を利用して、オリジナルの家具のデザインを元に製作された商品がリプロダクト家具だ。

「その椅子は人気あるのかよ」

「ありますね。オリジナルじゃないから中古だと安いですけど、美品ならオークションとか個人売買で、割といい値段で買ってもらえるかもしれません」

「ならお前に任せるわ。持って帰ってきたら倉庫に詰めといてくれ。でもその椅子に貼ってあるお札？　それを剥がさないと商品にならんわな。剥がせそうか？」

「分かりませんが、シール剥がし剤とか使ってやってみます」

「あまり時間取られすぎないようにな。時給分上乗せになっちゃう訳だから」

結局、アルバイト二人と宮下さんの三人掛かりで半日掛けて家中を片付けた。搬出した椅子の数は二百脚を超えていた。安く見積もって、一脚五千円としても、椅子だけで百万円以上掛けていることになる。

ただ、連れていった沖田君というアルバイトの大学生が、この椅子を見て青い顔をした。最初に家に入るときから気持ち悪いと何度も口に出すので、宮下さんからも注意を受けていたが、途中からどんどん顔色が悪くなり、最後は吐いてしまった。

仕方がないので、彼に屋内は任せられず、庭のゴミを片付けるように指示して離脱させた。

そのため、椅子を運び出すのは宮下さんともう一人の風間君というアルバイトの二人の仕事となった。

「この貼り付けてあるお札とか、確かに気持ち悪いですけど、何かあるんですかね」

風間君は不思議そうな顔をして首を傾げたが、宮下さんにはその気持ち悪さすらも特に感じない。強迫神経症の老人が、自分の妄想に追い詰められてやったことと割り切っているからだ。

「うーん。沖田君には少し繊細なところがあるからね。うちで働くときには、心の繊細さには蓋をしておいてもらわないと辛いかもしれないかなぁ」

それは上司の佐藤さんの下で働いている間、宮下さんがずっと自分自身で感じていることでもある。

「椅子、倉庫に入れておきました」

「お、御苦労さん」

「アルバイトの一人が体調崩しちゃって、人手が足りなくて大変でしたよ。あと、風間君が家にお洒落な椅子が欲しいからって、二脚持って帰りました」

佐藤さんに報告しておく。美品以外は破棄になるので、数脚アルバイトに渡したところで問題ない。この店では、この辺りは本当に緩い。

「ああ、いいよいいよ。全部で二百近いんだって？　俺の想像より多かったからさ。倉庫を圧迫しちゃうだろうしね。それにしても沖田君、真っ青な顔してたね。大丈夫かな」

「どうでしょうね。まぁ、数日は休むって言ってましたけど」


沖田君は、翌週から現場で体調を崩したという理由で、店に出てきていない。彼に連絡するのも宮下さんの仕事だ。自分の担当する仕事から体調を崩しているのだから、そこは責任を感じるところでもある。

一週間して、宮下さんが彼の携帯に電話を入れると、彼は謝罪の言葉を告げた。体調はそろそろ良くなってきたので、数日後には会社に出られるとのことだった。

声も落ち着いている感じだ。

ホッとしたので先日の仕事の際に気になったことを訊ねることにした。本当であれば翌日にでも声を掛けようと思っていた案件だ。

「そういや沖田君さ、あの家で椅子を持ち出すときに、室内にいるのをすごく嫌がってただろ。あれ、何か理由があるなら、参考までに教えてくれないか」

沖田君は宮下さんの言葉に暫《しばら》く黙っていたが、観念したような口調で切り出した。

「俺、幽霊とかそういうのが見えるんですよ」

「あぁ、そうなんだ」

過去にそういう人には何人か心当たりがある。信じるから大丈夫だよと伝えると、彼は少し安心したようで、現場で見たものを打ち明けてくれた。

「あの現場に入った瞬間から、椅子で小人が首吊ってるのが見えたんですよ。多分全部の椅子から、お爺さんの顔をした、てるてる坊主みたいなものがぶら下がってて。誰も見たくないでしょう、そんなの。その上、作り物かと思ったら、風間にも宮下さんにも見えていないみたいでしたし――」

共感はできないが、そういうものを感じる人がいるというのは理解できる。

彼の不調は、彼にしか見えないものが原因だったのか。

それにしても気持ちが悪い話ではないか。

もし、椅子が呪物だとしたら、今後どうするべきだろう。

「そんなことがあったんだね。教えてくれてどうもありがとう。また店のほうに出てきたらよろしく」

心の揺らぎが伝わらないように注意しながら電話を切った。


「そんなこんなで、何か椅子自体が曰くつきみたいな感じになってしまったんですよね」

「そうかぁ。まぁ、この業界色々あるからなぁ」

佐藤さんに報告すると、彼は頭をボリボリ掻いて、それが原因かなぁと呟いた。

「どうかしたんですか」

「風間っていたじゃない。椅子持って帰ったってアルバイト君。彼がまた椅子を買いに来たんだよ」

佐藤さんの話では、風間君が十脚ほど欲しいと言ってきたらしい。

想定よりも倉庫を圧迫していることもあり、佐藤さんは二つ返事で許可したという。

値段は一脚五百円と、適当に値付けをした。

「でも、十脚もどうするんだって訊いたんだよ。気になるじゃない。転売されるのはこっちの上前跳ねられることになるからやめてほしいしさ。そうしたらさ、転売はしない、全部自分の部屋で使うって言うんだよ。確かあいつの住んでる部屋って、俺の知り合いの不動産屋が経営してる学生専用のワンルームマンションでさ、ベッドも造り付けだから、五畳ちょっとしかないはずなんだよ」

佐藤さんは、ほらあの三丁目の外壁がツートンになってるマンションだよと説明してくれた。

その話を聞いた宮下さんは、嫌な気持ちになった。

ワンルームマンションに、椅子十二脚。

コレクターならあり得ない話ではない。だが、今回はリプロダクトものだ。

リプロダクトでそんなことをするだろうか。

不自然だ。

先日片付けた家の状況が脳裏に蘇る。

大量の椅子で組んだバリケードを避けるようにして孤独死した老人。

自作して貼り付けられた大量のお札。

沖田君の見たという、椅子から首を吊る小人。

そして、狭いワンルームマンションに十脚以上の椅子を持ち帰ったアルバイト。

感染。伝染。汚染。そんな言葉が頭の中に渦巻く。

――何も起きなければ良いのだけど。

それは虫のいい考えだろう。宮下さんは憂鬱《ゆううつ》な気持ちになった。

風間君が椅子を持ち帰ってから、一週間経っていた。彼からは大学の試験期間中なので、アルバイトを休むという連絡を受けていた。一方で沖田君は同じ大学のはずだが、毎日のように顔を出している。

宮下さんが事務所で作業をしていると、ドアが開いて声を掛けられた。

「すいません。風間と申しますが――」

ドアのところに立っているのは、見たところ五十代の女性だ。

「風間さん？　ええと、何の御用事でしょうか」

社長の佐藤さんは留守で、宮下さんだけが事務所に詰めていた。店舗のほうは沖田君が対応してくれているはずなので、彼では対応しきれなかった案件ということになる。

「――あの、ここで息子がアルバイトをしていたはずなんですが」

「あ、風間君の。お世話になっております。いつも助かってます」

頭を下げると、女性はその言葉に暫し戸惑っているようだ。何があったのだろう。

「すいません。御迷惑をお掛けしますが、息子のアルバイトは前回限りにさせていただくということで、どうぞよろしくお願いします――」

本人ではなく、母親が来て退職したいとは、寝耳に水だ。驚いた宮下さんが、理由を訊ねると、女性は逡巡した後で説明を始めた。

「実は、息子は今病院に入っておりまして、暫く退院できない状態なんです」

試験期間ということだったが、何か体調でも崩したのだろうか。

「あの、もしよろしければ、御事情とか伺っても大丈夫ですか？」

嫌な予感がする。

宮下さんの言葉に、女性は風間君が自殺未遂をしたのだと答えた。

「それで、息子の部屋に見慣れない椅子がたくさんありまして――」

その言葉に宮下さんが身体を震わせたのを、女性は見逃さなかったようだ。

「あの部屋も解約するので、こちらでその椅子を買い取っていただけますか？　てるてる坊主の下がっている、ちょっと何というか――気持ちの悪い椅子なんですが」

「結局ね、あの椅子に関わると死んじまうって話が出るようになったんですよ」

風間君の自殺未遂の報告以来、明るい性格だった社長の佐藤さんは、あまり周囲とも話さなくなった。その後、彼は宮下さんに会社を譲った後で、失踪してしまった。

宮下さんに報告はなかったが、沖田君が打ち明けた話によれば、佐藤さん自身も椅子を何脚も自宅に持ち帰っていたらしい。

「残りの椅子なんですが、倉庫で塩漬けにしているのも何なんで、ネットで売りに出したんですよ。そうしたら割と良い値段が付きまして。ほら、海外の有名デザイナーによる椅子は常時人気が高いんです。オークションサイトで百脚くらいは売ったかな」

宮下さんは、何処かタガが外れたような笑みを浮かべて語り続けた。

「まだ何脚か、うちの倉庫にありますけどね。勿論買った人がどうなったかなんて知りません。だって、現状ママの、ノークレームノーリターンですからね」

化け婆の家

久喜子が小学六年生のときに、学校の近くに廃墟のような家があった。

他のクラスの子や違う学年の子達の間でも広く噂になっており、それぞれ探検といっては覗きにいっていた。久喜子も、下校時に時々同級生達と連れ立っては、遠巻きに観察をしていた。

親や小学校の担任の先生は、子供達が敷地に忍び込んだり、あまつさえ廃墟じみた家の中にまで遊びに入るという状況を問題視していた。「あの家に近づいてはダメよ」と繰り返し子供達に伝えていたが、久喜子の周囲の子供達は、全く聞く耳を持っていなかった。

そんなある日、その家に人が住んでいるという噂が流れた。

噂の出元は他のクラスの男子だった。

秘密基地ごっこをするために家の中にまで忍び込んだときに、老婆を見たというのだ。

だが、本当にそれは住人なのだろうかという疑問が浮かんだ。

その家の近所に住む友人も、その家は夜でも電気が点いているのを見たことがない。だから、てっきり廃墟だと思っていたというのだ。

久喜子達は、直接見た訳でもない老婆に、「化け婆」と勝手にあだ名を付け呼び始めた。「あの家に近づくと、化け婆に攫《さら》われるよ」などと言っては友人達を脅すのだ。こうなると、殆ど妖怪のような扱いである。勿論、遭ってしまったら、本人を前に口にできるはずのない失礼な呼称だ。しかし、苗字も名前も知らない廃墟住まいの老婆は、実在するしないに拘《かかわ》らず、子供達にとっては怪異そのものだった。

そんなある日、事件が発生した。

三年生の男子が、化け婆の廃墟へ遊びに行くと言い残したまま、戻ってこなかったのだ。親が警察に連絡をして捜査に入ったが、行方不明になった男の子は廃墟では見つからなかった。暫くの間、警察も捜査をしていたが、結局何日経っても発見されず、学校からは廃墟へ行くのも、その前を通るのも禁止された。

数カ月後に、廃墟の床下で、白骨化した子供の遺体が発見されたらしい。

そばには男子のランドセルなどもあり、持ち物から行方不明になっている男の子だと断定された。警察のほうではホームレスなどがそこに居住していた可能性があるとして、再度捜査を行ったようだが、有力な手掛かりは得られず、子供は事故死扱いになったとの話だった。亡くなった男子の両親は、その後何処かへと引っ越していったと聞いている。

事件の結果、近所の住民からは子供がまた入り込んで怪我をしたり亡くなったりする可能性について不安の声が上がった。廃墟の周囲には黄色と黒の標識ロープ、通称トラロープが張られ、住民と警察で子供達の登下校時は見張りが行われた。

事件から半年近く経ち、久喜子の学年が卒業に向けて色々と忙しくなってきた頃に、最後の思い出に、化け婆の廃墟へ行ってみようという話が浮かんだ。

別段わざわざ訪れる必要もないのは分かっていたが、昔から気になっていた場所にみんなで行こうという話を断ることはできなかった。大人の目を掻い潜り、仲の良い同級生四人で例の廃墟へ足を運ぶと、久しぶりに見る家は以前よりも荒れ果て、足を踏み入れるのも躊躇《ためら》われるような状態だった。

もしも、足を踏み入れている間に倒壊したりしたら、大怪我をするかもしれない。最悪の場合だってあるだろう。

久喜子が他の三人に声を掛ける。

「ここに人が住めると思う？」

「無理でしょ。だって警察が調査に入ったりしてる訳だし、人がいるはずないよ」

「でもこの間も見たって子がいるでしょ」

「その婆さんって、本当のオバケなんじゃないの」

廃墟を前にして四人が話をしていると、いつの間にか一行のすぐ真後ろに、背の低い老婆が立っていた。

黒い和装——礼服姿の老婆だ。見れば足元には真新しい白い足袋を穿き、髪もきちんと結えている。「化け婆」という呼称の印象からは大きく外れていた。だからきっと近所に住んでいる別の人に違いない。久喜子はそう判断した。

しかし、そもそも大人達には、廃墟に近づいてもいけないと言い含められている。それに逆らってこの場にいるのだ。

こっぴどく怒られるに違いないと思っていると、意外なことに老婆は顔に柔和な笑みをたたえて子供達に話しかけた。

「この家の住人のことかね」

驚いて返事もできないでいると、彼女は、「付いておいで」と手招きをした。

本当に付いていっても良いものかと疑いながら、自分達よりも背の低い老婆の後ろを歩いていく。

朽ち果てかけた門扉の前で老婆は立ち止まると、感情を見せない口調で、次のような話をした。

「この家は代々ここで産まれた初子を食べて育ってきたんだ。それが絶えたとき、この家は朽ちていくって言われててね。あたしに子供が生まれずに、結局そのまま年月を経て、こんな廃墟のような家になってしまったのさ」

口惜しいね。

本当に口惜しいよ。未練だとは分かっちゃいるけどね――。

淡々とした口調だったが、彼女が強い後悔を抱えているということは理解できた。

勿論家が子供を食べるなどという話は信じ難いものだ。

「どうやって家が子供を食べるんですか」

友人の一人が無邪気な顔で老婆に質問した。久喜子は顔色を変えた。殺されてしまうのではないかと思ったのだ。

「そうだねぇ。中に入ってみれば分かるんじゃないかね」

老婆は門扉を開き、中に入って手招きをした。

入れば分かると言われても、そうですかと気軽に入ることはできない。ただならぬ雰囲気に、子供達は後ずさりし始めた。

「何を怖がっているんだい。大丈夫だよ。そもそも血縁のない赤ん坊とか、あんた達みたいに大きくなった子供に、この家だって悪さはしないよ」

「お婆さんは、この家の人なんですか」

「そうだよ。もう何十年もこの家に独りで住んでいるんだ」

老婆は笑顔を見せたが、それを本当に信じて良いかはまだ半信半疑のままだ。

この土地では、男の子が既に一人死んでいる。

自分達がそうならないと誰が言えるだろう。

「男の子が死んじゃったのは知ってますか」

そう一人が問うと、老婆は目を伏せた。

「知ってるよ。あたしが留守のときに起きたことでね。本当に残念なことをした」

「家が子供を食べたんじゃないんですか」

「違うね。勝手に家の中まで入ってこられて、それで勝手に亡くなられるほうの身にもなってみな」

老婆は断言した。言い分は確かに老婆のほうにある。

興味と恐怖で少し悩んだ末、興味が勝った。子供達は皆が一緒にいるから大丈夫だと結論づけた。

門扉を過ぎ、一列で老婆の後を進んでいく。

庭の木々には手入れが行き届いていないのが見てとれた。枝は思うまま乱雑に伸び、家の壁には蔦《つた》が這っている。

足元には枯れ葉が積もっていたが、老婆が歩く先々では、さっと枯れ葉が左右に避けるように移動した。まるで手品だ。

家は朽ち果てており、何処が入り口かも分からない状態だった。しかし、老婆の立ち止まった場所には玄関らしき面影が残っている。

「ここから入るんだ」

老婆がそこに一歩踏み込むと周囲の草木が消え、旅館の入り口のような立派な玄関が現れた。

どうしてこの人はこんな不思議なことができるのだろう。

子供達は本当に入り込んでも良いのか迷ったが、一人が一歩を踏み出したので、全員家屋の中へと入っていった。

家の中も床から木が生え、蔦も至る所に這っている。まるでお化け屋敷だ。

確か以前入った子の話だと、もっと普通の家だったはずなのだけど――。

戸惑いながら足元がおぼつかない中を、ずっと奥へと進んでいくと、一番奥の部屋であろう場所へ出た。

その部屋の中央の一角に、今まで見てきた廃墟の様相とはまるで異なる場所があった。新築でもしたのではないかと思わせるほどに磨き上げられ、塵《ちり》一つない。

これは祭壇だ。

久喜子は直感した。

その祭壇の前には四角く蓋をされている場所があった。一辺およそ六十センチといったところか。

「これがこの家の口だよ」

老婆はぽつりと漏らすように口にすると、蓋に手を掛けた。

持ち上げると白木で四角く枠が作られており、その中は空洞で、床下へとまっすぐ続いているようだった。

中を一瞥《いちべつ》した老婆は、横に蓋を置くと、微笑みながら四人を手招きした。

「ほら、大丈夫だから見てごらん。中には何にもいないんだよ」

子供達は恐る恐る中を覗き込んだが、中は漆黒の闇で、どれくらい深いのかまるで分からない。

「赤ん坊なんて、もう何十年も食べさせてないからね。だがこんな家はあっちゃいけないんだよ。私で終わらせなくちゃね。今日のことは誰にも言っちゃいけないよ。あんた達は何も聞かなかった。見なかった。化け婆は今日でいなくなる。全部持っていくから、あんた達は全部忘れるんだ」

子供達に向けてさっぱりとしたような顔を見せると、彼女は突然その漆黒の穴の中へ身を投げた。

状況を目の当たりにした子供達はあまりの出来事に身体が固まり、声も出せずにいた。するど、先ほど老婆が外して床に置いておいたはずの蓋が、いつの間にか宙を飛び、ばたんと大きな音を立てて「家の口」を塞いだ。

その音に驚き、一瞬目を閉じてしまった。見れば祭壇も蓋も何処にもない。ただ荒れ果てた廃墟の中に子供達だけが取り残されていた。

我に返ると同時に、ここにいてはいけないという気持ちに急かされる。

慌てて家を飛び出し、今し方入った門扉から出ようとして、そこがトラロープで塞がれていることに気付いた。

結局、四人は崩れた板塀から抜け出した。

「――お婆さん、私達が「化け婆」って呼んでたの知ってたんだね」

久喜子がそう呟くと、何故か皆がしくしくと泣き始めた。

今日のことは絶対に黙っていよう。お婆さんには忘れろと言われたけど、絶対に忘れないようにしよう。そう四人で誓い合った。


そして卒業式の日、全ての行事も終わり、一度家に戻ってから先日の四人で集合した。小学校時代最後の記念として、あの家を見に行った。

すると廃墟だったはずの場所は、雑木林となっており、家があった面影も全て消え去っていた。

それよりも不思議だったのは、帰宅して両親に廃墟の話をしても、まるで話が通じないことだった。

老婆のことは良い思い出として残っているが、一方で男の子が亡くなったことについても誰も覚えていないことが、恐ろしくてたまらなかった。

借家

平成の初めというから、かれこれ三十年以上前の話になる。

当時奈美さんは、住んでいたアパートが建て替え工事をするというので、地主さんの所有する古い借家に一時的に移動してほしいと依頼された。

詳しく話を訊くと、その借家は間取りが２ＤＫで風呂トイレ付きだという。今暮らしているアパートよりも広い。しかし設備は古く、そこも追って解体するという話だった。

住む住まないは別にして、実際に見てみたい旨を伝えると、大家さんも時間を取ってくれた。

案内された借家は、一つの広い敷地の真ん中を突っ切る私道に沿って、四軒ずつ並んで建てられた中の一軒だという。

今すぐに入れるのは、私道の入り口から見て一番手前の左側の物件という話だった。

近々建て直すことが決まっていることもあってか入居者もまばらで、合計八軒ある中の半分程度しか埋まっておらず、やや寂しい一角だった。

少し暗くて寂しい感じがするなと奈美さんは思ったが、どうせ住む期間はアパートの建て替えが終わるまでのおよそ半年間だ。大家さんの都合で借家に移転しなくてはならなかったという事情もあり、家賃は無料にしてくれるらしい。当時奈美さんは小型犬を飼っていたが、こちらもアパートと同様の条件で飼って良いという。

これを機に新たな場所に引っ越すという選択肢もあったが、それには費用も掛かるし、他にペット可の都合の良い物件を探している時間的な余裕もない。そこで半年なら仕方がないかと、提案された借家に引っ越すことにした。

気が向いたときにいつでも移動できるようにと、普段から荷物が少ないことが幸いした。事前に鍵を受け取り、家財道具を段ボールに詰めて、友人の軽トラックに家具と荷物を載せてもらい、引っ越しは一日で済ませた。

引っ越した翌日に片付けをしていると、突然の訪問者があった。

玄関に付いているのは昔ながらの呼び鈴で、インターホンではない。

仕方がなくドアを開けると、そこに見た目八十代ほどの、腰の曲がった老婆が立っていた。何やら呪文のような訳の分からない言葉を延々と呟いている。

声を掛けても聞こえているのか聞こえていないのか、返事もしない。歯が抜けて隙間だらけの口から、ぶつぶつと何かを言っているのだが、こちらの耳にまでその台詞の内容が届かない。

視線もこちらを見ているのか見ていないのか判断が付かなかった。その目が斜視で、両眼とも外側に向かっていたからだ。まるで意思の疎通ができない両生類か魚類のように思えた。

「お婆さん、どちらからいらしたんですか」

丁寧な口調で訊いても、こちらのことを完全に無視して、一定のペースで呪文のように呟き続ける老婆には、何度声を掛けても通じなかった。

――こんな人に付き合ってはいられない。

気持ちが悪くなった奈美さんは、ドアを閉め、窓ガラスの鍵もカーテンも全部閉めて身を潜めることにした。

様子を見ていると、十分ほど経ってその老婆は何処かへと去っていった。

再度扉を開けて玄関の敷石を見ると、何故かそこだけ水を掛けたように濡れていた。

得体が知れない老婆は、それから毎日のようにやってきては、呼び鈴を押すようになった。

奈美さんはドアを開けることもしなかったが、屋内で耳を澄ますと、ぶつぶつと何かを呟く声が聞こえた。

「わがこかわいやくいましよねくわねばかみさんなきんしよか――」

平板なアクセントなので、何を言っているのかよく分からない。聞き取れたのもその一節だけだった。

十分ほど経つと、老婆はまた何処かへと去っていく。奇行といって良さそうだ。

その老婆は買い物の帰りにもたまに見かけることがあった。そのときに観察をした結果、どうやら同じ敷地の借家の一軒に住んでいるようだと判明した。

近所に得体の知れない住人がいる。しかも身に覚えのないことで目の敵にされている様子だ。半年ほどの間だろうと気軽に考えていたが、これには憂鬱な気持ちにさせられた。

現在老婆がターゲットにしているのは、奈美さんだけのようだ。

しかも留守だろうが在宅だろうがお構いなしだ。仕事で朝から出かけているときも来ているようで、その証拠に玄関の敷石には、天候に拘らず水溜まりが残されていた。留守番をしていた犬も、帰宅するととても怯えた様子で、側から離れようとしない。

休みの日に大家さんに連絡を取った。何か変わったこと、不都合はないかと訊ねられたので、老婆のことを説明した。とにかく安心して仕事にも行けないし、家にいても怖いので、何とかしてほしいと伝えたところ、どうも一年ほど前から居住者の間でその老婆に関する苦情が相次いでいて、大家さんも困っているという話だった。

結論としては、大家さんのほうから一応連絡を取ってみるけれども、相手が認知症などの病気だったとしたら、改善しない可能性もあるので、そこは勘弁してほしいという、歯切れの悪い回答だった。

それにしても大家さんの言い分には理解できる点もあるが、基本的にはまるで頼りにならない。老婆の奇行にはどうやら為す術もないようだ。

それから一週間ほど経ったある日、庭に迷い込んできた野良犬が住み着いた。見たところ、おとなしそうな雌犬で、お腹も大きく妊娠しているようだ。

ペット可の物件を最大限活用しようということで、奈美さんは庭に小屋を建て、その犬を飼うことにした。程なくして元気な仔犬を三頭産んだので、三カ月くらいしたら里親を探そうと考えていた。

そんなある日曜日、縁側に腰掛けて、元々飼っていた犬と、庭の母犬と仔犬達と日向ぼっこをしていると、近所の小学生が男女四人で垣根越しに顔を出した。

「こんにちは！　ワンちゃん可愛いから、触らせてもらってもいいですか？」

「はいどうぞ」

意外な訪問者に、奈美さんはお菓子とジュースも振る舞い、子供達と一緒に縁側でお喋りを始めた。

聞くと地元で生まれ育った子供達で、この借家のことにも詳しかった。それならばと、例の老婆のことを訊いてみることにした。すると、その子達はその老婆についても親同士の話を聞いていたらしく、思いがけない情報が舞い込んできた。

件の老婆は随分昔からこの借家の一角に住んでいるらしく、近所からは変わり者扱いされているとのことだった。ただ、一人の子が教えてくれた内容は、奈美さんから血の気を引かせるに足るものだった。

二十年ほど前のことだという。借家で事件が起きた。

現在奈美さんの借りてる部屋の隣に住んでいた新婚夫婦に、赤ちゃんが授かった。

周囲の借家の人々は、若い夫婦に赤ちゃんが生まれたことで、町内もまた活気づくと喜んでいたらしい。

だが、それを期に、あの老婆による意味不明な呪術めいた訪問が始まった。

毎日やってきては呪文のような文句を呟いていく。

奥さんが対応していたが、一切話が通じない。嫌がらせの範疇《はんちゅう》を超えている不気味な態度に恐怖を覚えた。

当時はストーカー防止法などもなく、どうしていいか分からなかった。

日中は仕事で留守の旦那さんに訴えても、彼女の恐怖は理解してもらえなかった。

老婆の訪問が始まって半年が過ぎた頃、奥さんは極度のノイローゼに陥っており、何故か彼女は赤ちゃんの手首から先を食べてしまい、部屋で首を吊った。手を食べられた赤ちゃんは、そのまま放置され、旦那さんが仕事から帰った頃には冷たくなっていた。

そしてその事件から一年と経たないうちに新しい入居者が入り、これもまた新婚さんで奥さんは妊娠していた。

以前の事件を知る人は、老婆の挙動に注意をしていたというが、やはり妊娠している様子が見えた直後から、老婆の呪術めいた訪問が開始された。

結果、奥さんは流産してしまったショックから首を吊り、残された旦那さんは部屋を退去した。

更に次の年には再び別の夫婦が入居したが、妊娠が発覚すると同時に、やはり老婆の訪問が始まり、奥さんは臨月に首を吊って亡くなった。

これだけ同じことが続くと、近所ではあの借家に住むと婆さんに呪いを掛けられて死ぬと噂が絶えなかったという。

大家にも何度となく苦情が寄せられたようだが、何故か大家は老婆を庇うようなそぶりで、必ず若い夫婦を同じ借家に入れ続ける。

こうなると、大家にも何らかの意図があったのではないかと噂になっているという。

これらの事件以来、周囲の小学校に通う代々の子供達の間では、例の老婆は「鬼婆」と密かなあだ名によって恐れられているらしい。

親からも、あの借家には近づくなと言われていたが、今日はたまたま通り掛かったら犬が可愛かったので、思わず声を掛けてしまったとのことだった。

あくまでも小学生達による噂だ。しかし、隣の借家で老婆が原因となる事件が三度も連続したと聞かされると、嫌な気持ちになった。大家も頼りにならないどころか、殆どグルのようなものではないか。腰掛けの間借りとはいえども、不安な気持ちが大きくなる。

現時点では妊娠する心当たりはない。しかし何故老婆は毎日のように訪れるのだろう。

その執着の理由が疑問だった。

周囲の人に小学生達から聞いた噂の真偽を確かめたかったが、近隣にそこまで親しい知り合いもいない。できるのは、なるべく早く借家を出ていくくらいだろうか。

小学生達の訪問から数日後、彼女が仕事から帰ると、玄関の前に老婆が立っていた。まるで帰りを待っていたかのようだった。老婆は大声で叫んだ。

「お前もあの犬も死ぬぞ。早く出ていけ！　赤子が死んだのはこの家だからな！」

老婆は可笑しくて仕方がないようで、引き攣《つ》った笑いを上げながら、その場を去っていった。

残された奈美さんは立ち尽くした後で、その足で近くの派出所に向かった。もう警察に相談するしかないと考えたからだ。しかし、警官は腫れ物を見るような目つきで奈美さんのことを見て、巡回を強化しておきますとだけ言った。

まるであの老婆に触れてはいけないことがあるかのような印象だった。

あの老婆は何者なのか。

事件が起きたのは隣の家なのか、この家なのか——。

この借家の人たちの運命、大家さんの態度、警官の視線。様々なことが頭の中を駆け巡った。

——もう、次の給料が出たら、すぐにここを引き払う算段を立てよう。

しかし、仔犬を含めて五匹の犬をどうしたらいいだろう。いざとなったら飼い犬と母犬は連れていけるだろう。そうなると仔犬の譲渡先を決めるのが先だろうか。

だがその週末、庭で飼っていた母犬が、仔犬三頭を頭だけ残して全部食べてしまった。

奈美子さんはショックを受けたが、大急ぎで仔犬の頭部を近所の林に埋めて、部屋に戻った。残された母犬の引き取り先を大至急探してもらうように友人達に依頼する。

老婆が現れてからというもの、ずっと追い詰められたような精神状態だ。過去に起きた事件では、母親と子供の合わせて六人も亡くなっている。老婆の言を信じるなら、奈美さんはその部屋に住んでいることになる。そして犬が我が子を食べ殺してしまった。限界だ。

幸いすぐに母犬を里親へ出すことができたので、逃げるように借家を後にした。

現在、奈美さんが最初に住んでいたアパートをはじめとして、その借家のあった地域全体が、再開発で土地や町並みが大きく様変わりしている。

ただ先日、住所を頼りに訪れてみたところ、借家のあったはずの土地は、寂れた墓地に変わっていた。

髪結いの家

昭和の末期というから、古い話になる。

当時、美里さんは小学五年生だった。近所の大きな家には一歳上の京子さんというお姉さんが住んでいた。

その家とはお互いを行き来する家族ぐるみの仲の良い関係だった。

京子さんの家はお母さんが美容院を営んでおり、一階が美容院の店舗で、二階が自宅になっていた。

二階の間取りは３ＤＫで、洋室が一部屋と和室が二部屋、その和室の片方が京子さんの部屋だった。

ある日、遊びに行くと、家の間取りの話になった。

「実はこの家って、私もまだ入ったことのない部屋があるんだよね」

家が大きいといっても、美里さんには、〈入ったことのない部屋〉という意味がよく分からなかった。以前隠れんぼをしたときにも、二階の部屋は全部解放されていたはずだ。

「実は秘密なんだけど、この家には、普通では入れないようになっている隠された部屋があってね。隠し扉の向こう側なんだ」

両親からは子供の頃から、絶対に入ってはダメだと言われてきたらしい。

しかし、小学六年生にもなると、何故禁じられているのかを不思議に思い始め、部屋の中身が何なのかに興味を持つようになっていた。

いつか覗いてみたいという気持ちが日に日に強くなっていたところに、美里さんと間取りの話になった。それで彼女は好奇心を抑えきれなくなったようだった。

「一人だとちょっと怖いけど、美里ちゃんと一緒なら大丈夫だから、一緒にその部屋を見てほしいんだよね」

「本当にそんな部屋に入っても良いのかな――」

美里さんは京子さんの提案に戸惑った。見つかったら彼女のお母さんに怒られるのではないかという心配もあった。ただ、隠し部屋という単語にはとても興味を惹かれた。

説明によれば、その部屋は隣のもう一つの和室にあるという。

そこは京子さんの両親の寝室で、美里さんも通りすがりに何度か見たことがある。隠れんぼのときに中に入ったこともある。そのときには、普通の和室の六畳の部屋にしか見えなかった。

「押し入れに隠し扉があるのよ。その奥に、もう一つ部屋があるの。どうしたって暮らしている部屋の広さだけだと、一階のお店と同じ広さにならないの」

話をしているうちに、美里さんも興味を覚え、京子さんの提案に乗ることに決めた。

実際に決行する日は、美容院が忙しい日にしようということになった。

具体的には京子さんのお母さんが二階へ上がってこられない程の予約が入ってからということなので、京子さんから前日に連絡を貰うように決めた。


それから一月ほど経った。京子さんから連絡があった翌日、美里さんは彼女の家に遊びに行った。怪しまれないようにいつも通りに挨拶をする。

「あら、美里ちゃんいらっしゃい。ちょっとおばさん今日は手が離せないけど、京子と一緒に遊んでてね」

笑顔でそう声を掛けてもらったことが、罪悪感をちくりと刺した。

なるべく普段通りに。そう心掛けながら、二階へ上がっていくと、京子さんは二階の階段を上がり切ったところで待っていた。

「お母さんどうだった？　忙しそうにしてた？」

その質問に頷くと、京子さんは満足そうな笑みを浮かべた。すぐさま彼女の両親の寝室へと向かう。

部屋へ入ると、京子さんは迷わず押し入れを開けた。下の段に置いてある段ボールを全て引っ張り出して、空っぽにする。すると、奥の壁に引き戸のようなものが見えた。

美里さんは、心臓の音が京子さんに聞こえるのではないかと思うほど緊張していた。

京子さんはこちらを振り返った。

「ここが隠し部屋。この家やっぱり変だよね」

開けるよと目で合図をし、彼女は引き戸に手を掛けた。

キシキシと音を立て、徐々に扉が開く。扉の先は暗闇だった。

「今、懐中電灯持ってくるね！」

京子さんは小走りで部屋を後にした。残された美里さんは、京子さんのお母さんにバレないかという恐怖と、目の前にある隠し部屋の暗闇への恐怖で、ただじっとしゃがんだまま、彼女が戻ってくるのを待った。

——あれ。

そのとき、美里さんの耳に、微かな音が届いた。

どうも隠し部屋の暗闇から聞こえているようだ。

耳を澄ますと、ギッギッと、乾いたもの同士が軋るような小さな音がする。

美里は驚いて隠し部屋の中を覗いてみる。最初は真っ暗で何も見えなかったが、暫く見ていると、少しずつ目が慣れてきたのか、奥のほうで何かが動いているように見えた。

こんな部屋に、動くようなものがあるのかしら。

想像を巡らせると次第に怖くなってきた。押し入れから出ると、ちょうど京子さんが懐中電灯を手に戻ってきたところだった。

今あったことを伝えると、彼女は考え込むような仕草をした後で、悪戯そうな笑顔を見せた。

「中を懐中電灯で照らして見ればいいよ」

二人で押し入れに入り、引き戸の奥の暗闇に懐中電灯の光を当てて覗き込む。しかし、何もないただの空間しか見えない。

「――入ってみようか」

京子さんが誘う。

二人で恐る恐る隠し部屋の中へと進んでいった。

懐中電灯で隅々まで照らしてみると、何もないように見えた部屋の中央の床の上に、丸いものがぽつんと置かれており、周囲には黒い糸のようなものが散乱している。

それは人の頭だった。

二人は大声を上げ、急いで口を手で塞ぐ。

京子さんはその頭部に近付くと、ホッとしたような顔をした。

「これ練習用のマネキンの頭じゃない」

もう一度懐中電灯で照らしながら、二人でまじまじと観察する。

散髪練習用のマネキンだとしても、髪の毛が長すぎないだろうか。

以前、京子さんのお母さんに見せてもらった新品のマネキンだって、髪の毛は大人の背中の半分くらいまでの長さだった。

この頭部はそのマネキンの半分くらい大きさなのに、髪の長さが倍くらいはある。

その髪が床に広がっているのだ。

——何か特殊なマネキンなのかしら。

美里さんがそう考えていると、ギッギッという、先刻聞いた軋むような音が、その頭部から響いてきた。

「髪の毛、さっきよりも伸びてない？」

美里さんが震え声で指摘すると、京子さんは動じずに、ちらりとそちらを見て答えた。

「きっと何か仕掛けがあるんだよ」

彼女はその頭に手を伸ばし、髪の毛を鷲掴んで胸の高さまで持ち上げた。

「そんな乱暴にしたらいけないんじゃないの？　大丈夫？」

正直なところ、美里さんは押し寄せてくる恐怖に心が限界で、隠し部屋からすぐにでも出たいと感じていた。

「大丈夫大丈夫——」

振り返ってこちらに見せた京子さんの笑顔が固まり、彼女は悲鳴を上げた。

「大丈夫！」

声を掛けると、京子さんが腕を激しく振った。

どうやら手にしている頭部から生えている髪の毛が、ギシギシと音を立てながら京子さんの腕に絡みつき、締めつけているらしい。彼女はそれを振り払おうと、大声を上げながら必死に腕を振り回している。

どうしたら良いか分からない。涙がぼろぼろと溢れる。

そのとき、押し入れの外から京子さんのお母さんの声が聞こえた。

「あんた達、何してるの！」

娘の悲鳴を聞いて駆けつけてきたのだろう。

お母さんは、隠し部屋まで入ってくると、京子さんの腕からぶら下がっている頭部を、両手でそっと包み込んだ。

すると、京子さんの腕に絡みついていた髪の毛は、スルスルと短くなっていき、ショートボブほどの長さになった。

お母さんはホッとした顔で、それを慎重に元にあった場所に置くと、部屋から外に出るように促した。


三人は京子さんの部屋に移動した。

「二人ともそこに座りなさい」

言われるがままに正座する。

「あれほどあの部屋に入ってはダメって言ってたのに、一体何をしてるの！　美里ちゃんまで連れ込んで！」

お母さんは京子さんを叱りつけた。しかし、京子さんもただ言われるままではなかった。

「あんな気持ち悪い物があるのにお母さんは大丈夫なの？　変だよ！」

と言い返す。

美里さんは、ただ黙って二人のやり取りを聞いているしかなかった。

「あのね、この家は昔から「髪結い」だけが住める家なんだよ。後でちゃんと説明してあげるから、今日はもう解散して。あたしもお店中途半端にしてきちゃったから。ごめんね美里ちゃん」

「あの——ごめんなさい」

美里さんも謝罪し、その日はそれで解散となった。


翌日、小学校から帰ってくると、京子さんが家を訪ねてきた。

どうやら昨日のことを謝りにきたらしい。

美里さんが部屋に上げると、京子さんは、お母さんに聞いたんだけど、絶対秘密にしてねと言って、住んでいる家のことを教えてくれた。

「うちの建物、二百年くらい歴史があるんだって——それでね。気持ち悪い話をされたの」

絶対秘密だよと何度も繰り返して、彼女は家に伝わる話を教えてくれた。

「昔からの言い伝えで、あの家に最初に住んでいた髪結いのおりんさんって人が、赤ちゃんの首を切って、家の中心に供えて一日一回お菓子とお水を上げると、髪結いの商売は絶えることなく上手くいくって、そんなまじないを聞いたらしいの。それで、おりんさんは、あの部屋で赤子を産んで、その首を切って、何かおまじないをしたって言うの」

気持ち悪い話でしょと同意を求める京子さんに、美里さんも頷いた。

「その赤ちゃんの頭が、昨日のあれらしいの。本物か、作り物かは分からないけど、おりんさんの赤ちゃんの頭は、髪の毛がずっと伸び続けたんだって」

昨日の頭部は、確かに大人のものよりもずっと小さかった。

ただ、作り物のマネキンの頭部にも見えた。

あれは作り物、あれは作り物と美里さんは頭の中で何度も繰り返した。

京子さんの説明では、その後、おりんさんの髪結いは繁盛し、彼女が亡くなる前に「あの家を買う人だけにそれを伝えるように」と遺言して亡くなったらしい。

「それでさ、お母さんの話によると、あの家、やっぱり変なんだよ」

お母さんも変な話なんだけどと言い淀みながら、自分達の住んでいる家は根の深い事故物件なんだと説明した。

戦後、おりんさんの話は迷信として扱われていたらしい。

あるとき、あの家を文具屋が買ったが、そこに住んだ家族は半年と経たず病気や事故で全員亡くなった。更に次にその家を買った電気屋の家族も同様、全員亡くなった。

「――それで不動産屋さんが手に入れて、それからは美容院を営む人にしか売らないってことになったんだって」

京子さんの話に、美里さんは想像する。

赤ちゃんの頭は、おりんさんと同じお墓には入れなかったのだろうか。

何で、誰も赤ちゃんの頭を何とかしようと思わなかったんだろう。

「うちのお母さんが偶然そこを購入しようと話を進めているときに、昔のことを知っているお爺さんからその話を聞いたんだって。それでもあの家を買おうと考えたなんて酷くない？」

小学校を卒業とともに美里さんは引っ越し、中学校の校区も変わってしまった。

ある日、偶然京子さんの家の前を通ったとき、あれだけ繁盛していたはずの店はシャッターが閉まっていた。

久しぶりに連絡を取ろうと電話をしたが、連絡が付かなかった。

それ以来、京子さん一家が何処に行ってしまったのかも分からない。そしてその土地にはそれから数年後にマンションが建ち、今は一階のテナントにヘアサロンが入っている。

女付き

舘さんがまだ若かった頃の話だという。彼は小遣い稼ぎとして本業の中古車屋の営業以外にも、個人売買に手を出していたことがある。平成の頭の頃の話だ。

知り合いから希望よりちょっと安く車を買い取り、全く知らない人に少しだけ手数料を乗せて売り払う。友達が二十万で売りたいと言っている車を十五万くらいで仕入れ、取り引きのない人たちに向けて二十五万で売るようなことをしているのだ。それだけで十万の利鞘を取れる。ただこれも、大々的にやったらブローカーになってしまうし、周囲の本業の人々から目を付けられるのも嫌だった。身の丈に合っている車しか扱っていない——そう考えていた。

夏のある日、知らない番号から電話が掛かってきた。当時まだ使う人も少なかった携帯電話の番号からだった。

誰からだろうと訝《いぶか》しみながら電話に出ると、知らない男性の声がした。

「舘さん、仕事の傍らで、中古車売ってるんだってね」

いきなりそう言われて、どうしようかと戸惑った。

相手はこちらの小遣い稼ぎを知っている。とりあえず話だけは聞くことにした。

電話は、中古車屋を経営しているという、黒田さんという男性からだった。

――これは下手踏んだか。

舘さんの顔から血の気が引いた。当時の中古車屋は今ほどクリーンな職業ではなかった。彼の周囲にもヤクザまがいが経営している店もあった。そのような一人から、クレームを入れられたのではないかと早とちりしたのだ。

だが、黒田さんは、田中さんから紹介を受けて電話をしたと口にした。田中さんは知り合いの中古車屋の社長で、舘さんから見て一回り以上年齢が上の人物だ。

彼からの紹介を経て、〈舘さんは車が売るのが上手いから、ちょっと一台売るのを手伝ってほしい〉と相談してきたということらしかった。

中古車を売るのに現物を見ない訳にはいかない。舘さんは黒田さんの指定する場所まで移動した。

炎天下で、黒田さんを待っていると、ワインレッドのスポーツカーが近寄ってきた。

黒田さんが乗っているのは国産車ではなかった。ポルシェ928。ポルシェの中でもポップアップライトのモデルだ。

「この車なんだよ。欲しい人があったら売っちゃってくれると嬉しいんだ」

舘さんにハンドルを握らせ、自分の店まで運転してみてほしいと言うので、彼はその言葉に従った。

助手席の黒田さんが道すがら言うには、〈店に在庫としてただ並べておいても、車というものは、なかなか売れない。やはり、それなりに営業して販売してくれる人が欲しい〉。

そこまでは理解できる。

この車売りたいんだけど、暫く貸すから乗っておいてよ。僕じゃなかなか売れなくて――そんなことを言い出した。

つまり、車を預かって、仲間と遊びに行ったりするときは、興味のありそうな人に、「この車売ってもいいって言われてるんだ」と、水を向けてくれというのだ。それで売れればいいし、売れなくても構わない。そうやって買い手を探してほしいとの依頼だった。

そこまでなら、そんなに変な話ではない。

だが、そこから先が奇妙な話になっていく。

「いいよいいよ。売れたら後でお金くれればいいよ。どうせこの車は、元手があまり掛かってないから、気にしないで」

「本当っすか」

外車に乗れる機会はめったになかった。レンタル代も補償金も要らないという。有り難い話だった。

　更に車検は一年以上付いている。その間に売りたい。もし車検が切れたら、二束三文で業者に引き取ってもらおうと考えていると、黒田さんは続けた。

「別に売れるまで預かっててくれてて良いから。自由に乗っても構わないよ。何なら女の子とデートしてもいいよ。でも汚さないでね」

「ありがとうございます。で、幾らで売るんですか」

「ああ、安くても良いのよ。君でも手が届くと思うよ――諸々込みで俺のところに八十くればいいや。元手もあまり掛かっていないから。君の取り分は、そこに上乗せして売ってね？」

　耳を疑った。ポルシェ928なら少なく見積もっても、その三倍の値付けで売れるだろう。一方でその値付けを聞いて、舘さんは気持ちが冷めるのを感じた。犯罪の片棒でも担がされるのではないかと考えたのだ。

　まだ黒田さんがどういう人物かもよく分からない。口約束だと後々掌を返されて、借金地獄に落とされる、なんてことも想定した。

　伊達に中古車屋の営業をやっている訳ではない。これは怖い案件だと直感した。

　――浮き足立っている場合じゃないぞ。

「売れるか確約できないから、ちょっと今日すぐは返事できませんよ」

自分の身のほうが大事だ。

黒田さんは舘さんの言葉に納得したようで、返事は後日でいいよと笑みを浮かべた。

別れ際に彼は念を押すように言った。

「それじゃ、もう一度よく考えてみてね。ああそうだ。田中さんにもよろしく――」

舘さんは早速田中さんの店に出向いた。彼には本業でも時々お世話になっているし、彼なら黒田さんのことが分かるということだ。

「御無沙汰してます」

「何だ。舘君か」

田中さんが店の奥から顔を出した。

「あの、黒田さんって知ってます？　何か突然電話が来て、車売る手伝いをしてほしいって言ってたんですけど」

「あぁ。舘君が車売るの上手いから、黒田さんに紹介してやったんだよ」

先輩風を吹かすような、上から目線の台詞に、舘さんは苛立たしさを感じた。

「そうなんですね。で、あの人って、大丈夫な人なんですか？　何か美味しいことしか言わないから心配になっちゃって。グレーな人？　もしかしてヤクザか何か？」

そう言うと、田中さんは吹き出した。

「違うよ。普通の車屋だよ。ちょっととっぽいところもあるけど、普通の車屋。心配することないよ」

どうやらそこまで心配する人物ではなかったようだ。

田中さんが人柄を保証してくれた訳ではないが、今回は話を受けることにした。

知り合いの知り合いということで、どうにかなるかという気持ちになったからだ。


黒田さんに話を受ける旨連絡を取り、ポルシェを預かった。

ただ、不信感は相変わらずだ。そこで、舘さんは、何故黒田さんがあの車を、ああも安く売ろうとしているのかを確かめようとした。

営業をやっている経験から、色々と推定はしたし、調べてもみた。

メーターバックで走行距離を誤魔化している可能性も考えたし、水没車や事故車の可能性も考えた。しかし、知り合いの修理工場で見てもらっても、特に事故の跡などを発見できなかった。

要は、よく分からないが、彼はその車をとっとと手放したいということだ。

材料がない以上、そう結論づけるしかなかった。

最初は月一くらいで黒田さんに連絡を取っていたが、あるときからなかなか連絡が取れなくなってしまった。

ただ、引き受けた以上は、売らねばならない。でなければ、自分の手元にも金が来ないのだ。

売れそうなタイミングは二回あった。

一回目は、知り合いから紹介された男性だ。

彼は買う前に、一度試乗したいと要求した。

黒田さんには自由にしてもらって良いと言われていたが、念のために相談することにした。例えば試乗すると言われて貸したは良いが、一日デートに使われた後で、やっぱり買うのやめました、では話にならないからだ。

するとたまたますぐに電話に出た黒田さんの返事は、幾らか内金を貰ってたら、貸し出しても良いよ、というものだった。これも舘さんからすると常識外れな方針だ。

ただ、オーナーが良いと言っているのだからと、割り切ることにした。

実際に会ってみると、購入予定者は友人の友達だった。顔にも見覚えがある。

試乗のために彼は十万円を手付金として払ってくれた。そこで、舘さんは数日試乗に貸し出すことにした。

だが、彼には夕方に貸し出したが、速くも夜には連絡が入った。公衆電話からだった。

「やっぱ返すわ」

つい数時間前までは買う買うと言っていたはずなのに、掌を返された形である。

「明日まで耐えられないから返すわ。今夜渡すから」

そこで電話が切れた。夜の零時半を過ぎた頃に再度電話が掛かってきて、インターの出口のところで三十分くらい後に待っていてほしいとのことだった。

めちゃくちゃな話だが仕方がない。

タクシーでインターの出口のまで行って待っていると、ポルシェが降りてきた。

彼はありがとうと礼を言ったが、こちらに目を合わせないようにしている。

「いや、ありがとうは良いけど、車はどうだった？　乗り心地とか、感想教えてよ」

舘さんがそう言うと、彼は動揺したようなそぶりを見せた。

車は――。目が泳ぐ。

「要らない。ごめん。要らない。要らないから」

それだけ言い残すと、彼は横断歩道を渡って、反対車線のほうに行き、タクシーを拾っとはいえ、頭金として十万円を預かっている。この金は当然返さないといけない。

だが電話口で「要らない」と言われた。会う気もないという。

口調に怒気が感じられた。

「何で怒っているのか、理由を教えていただけます？」

「だってさ、あんなんだと思わなかったから。ともかく暫く会いたくないんだ」

一方的に電話を切られたが、舘さんには何のことを言ってるのか分からなかった。


次に買ってくれそうだったのは水商売の女性だった。

その車を欲しいけど見せてくれるかと言うので、指定の場所まで乗っていった。

車を停めて運転席から出ると、不機嫌そうな顔をした女性から質問された。

「ねぇ、あの交差点のところで、助手席に乗ってた人誰？」

「俺しか乗ってないですよ。誰も降ろしてないですし」

「あたし、その子に手を振られたんだよね」

全く身に覚えがない。

「知らないですよ」

て帰っていった。

「でも手を振られたんだけど、まさかねー」

何がまさかね、なのか、これもよく分からない。前回の男性のこともあるので、舘さんは今回も望み薄かと考える。

「んー。そんなことないかー」

何か言いながら運転席を覗いた彼女は、

「やっぱり、やめとくわ」と作り笑顔を見せた。

「——これで二回目なんですよ。断られるの」

何故買うのを止めたか、その理由が知りたかった。今後売り抜くのに必要なヒントになるからだ。

女性は、車のほうを何度か振り返った。

「やー。うーん。上手く言えないけど、あえて言うなら、匂い、かな」

匂いとは何だろう。体臭だろうか。特に車には匂いがするようなものは載せていない。

「この車さ、臭いんだよ。ちょっと女っ臭い」

「いや俺、女なんて乗せてないですよ」

「んー。何て言えば良いのかな。そういう意味の匂いじゃないのよね。とりあえず私はこの車はパスかな」

その女性は足代として五千円払ってくれた。


それから一週間と経たずに、舘さんの元に友人から連絡が入った。

「舘よう、俺の知ってる女が、店で何かお前のこと噂してたんだよ」

そう言われても、当初舘さんには心当たりがなかった。

「どういうこと?」

「何か、お前が女の幽霊が二人乗っている車を売りつけようとしてるから、気を付けろっていうんだよ。女は特に気を付けろって」

詳しく訊くと、どうやら先日の女性が噂を流しているらしかった。

「助手席に女が一人いて、もう一人の女が後ろの座席から男に覆いかぶさるようにして首を絞めてるんだ。あの男は気付いてないのか見えてないのか知らないけど気持ちが悪い、なんて言ってたんだよ」

どうやら先日の彼女は、車を見た次の日にバイクですっ転んだらしい。あんなのに関わったら、絶対良いことないと息巻いていたという。

そこに因果関係があるかまでは分からないが、どうやら幽霊を見たせいだということにしたいようだ。

そこまで教えてくれた後で、友人が心配そうに言った。

「いや、それよりもお前さ、そんな車乗ってんの？　マジでそれ売ってんの？」

「うん。まぁ俺のというか、預かりもんなんだよ。何か、乗っていいから、チャンスがあったら売ってくれって言われてんだよね」

「でもその車、縁起悪いだろ。やめちゃえよ」

「何、お前その女の言うこと信じるの？」

「霊感強いっていうから、まんざら嘘じゃないと思うんだよ。その車、そのオーナーに返せば良いんじゃないの？」

友人は、面白がっている訳でもなさそうだった。

「売れませんでしたで返しちゃえよ。俺には幽霊のことは分かんねぇけど、ガチだったら不味そうじゃんか。関わらないほうがいいよ」

「関わり合いたくないけど、どっぷり関わっちゃったんだもんよ。仕方ないじゃんか。最近は全然連絡取れないしさぁ」

二度もケチが付いて、こちらの評判も落ちている。確かにこれ以上は真っ平御免だ。

「何とか連絡付けて、自分に器量がないんで売れませんでしたって正直に言えば？　今まで借りていた分の料金くらい乗せてやりゃ、普通の人なら文句ないだろ。車戻ってきて、プラスになってりゃ文句ないはずだろ。その人、危ない人なの？　ヤクザか何か？」

「いや、ただの中古車屋らしいんだけど」

「でも、元ヤクザとかもあるからなぁ。連絡つきそうな共通の知り合いとかいないの？」

確かに田中さんなら連絡が取れるかもしれない。

田中さんに対して、舘さんはこの件の最初から憤っていた。勝手に紹介して電話番号まで教えてるのだ。巻き込んだ責任くらいは取ってもらいたい。

いいように使われたという思いもある。

そこで、田中さんの店に出かけていった。


田中さんは、舘さんの顔を見ると、ニヤついた顔を見せた。

「あの車、売れた？」

「いや、売れませんよ。何か色々変な評判も立っちゃって」

「ああやっぱりね。それでどうするつもり？」

「黒田さんに返そうと思って。レンタカー代じゃないけど、十万包めば文句ないでしょ。車だって戻ってくるんだし」

そう言うと、田中さんは小馬鹿にしたように首を振った。

「十万円は安いんじゃないの？」

その言葉に舘さんは憤った。

「安いも何も、お前が碌《ろく》な奴に紹介しないからこんなことになったんだろ！」

「何だぁ。俺に喧嘩吹っかけようってんのか！」

田中さんが声を荒らげる。二人のやり取りを耳にした女性従業員が、やめてくださいと叫び声を上げた。

「女がそんなこと言うからやめてやっけどよう。お前、この落とし前どうすんだよ！」

「うるせえ、お前があの車、黒田に返しとけ！」

鍵や車検証などの一式を机に叩きつけ、舘さんは逃げるように帰ってきた。

田中さんからは、それ以降連絡はなかった。

それから五カ月経ち、あの車の車検が切れるまで、あと一カ月という頃合いで、黒田さんから連絡が入った。

「舘君、車の調子はどうよ。売れそう？」

どうも何も知らないようだ。

「あの。黒田さんに全然連絡取れなかったんで、田中さんに、返しといてくれって、車ごと一式渡しておいたんですけど、受け取ってませんか」

「え？　こっちは何も聞いてねぇよ？」

いきなり口調が荒くなった。恐らく、彼の本性はこちらなのだろう。

「こっちはそういう話、全然聞いてないけど、ちょっと顛末教えてくれる？」

黒田さんからそう言われて、舘さんは正直に話をすることにした。

「売るのに何カ月も待たせてるし、ただ乗りしているのも気持ち的に嫌だったんで、使用料じゃないですけど、レンタカー代くらいのつもりで、十万円とガソリン満タンで戻そうとしたんですよ。でも田中さんとその場で揉めちゃって。返しておいてくれって言って、そのまま俺、飛び出してきちゃったんですよ」

「そっかそうか。何も言ってきてねぇよ。あのガキ。金も来てないしなぁ。あぁ、済まなかったね。俺から田中に連絡取るわ」

それ以降、暫く黒田さんからの連絡はなかった。だが、あの車の車検が、いつ切れるかは舘さんにも分かっている。そうすれば何か事態が動くだろうと考えていた。

案の定、黒田さんから電話が掛かってきた。

「ごめんごめん。あの車、車検通ったから、あの話復活させてくれないかな。やっぱり俺じゃ売れないから、手伝ってほしいんだよね」

舘さんが嫌だと言うと、黒田さんは不思議そうな口調で言った。

「でも十万出して車検復活させてくれたんじゃん」

「田中が勝手に、車検取ったってことですよね」

そう指摘しても、話は通じないようだった。

「それはそっちが勝手にやったことでしょ。元々車検が切れたら、業者に持っていってもらうって言ってたじゃない。もう車検あるんだから、売りやすいだろ。お前に頼んだんだから、どうにかしてくれよ」

黒田さんも苛ついているらしく、最初の丁寧な対応の面影はもうない。

「――分かりました。売れなかったらごめんなさいでいいですか？　あと、手元に置いておくのは遠慮したいんで。買いたいって人だけ紹介するんで、置き場だけ作ってくださいよ。そこまで連れていきますから」

「いいよいいよ。売り値は七十でも六十でも、乗ってくればいいよ。売っちゃって」

仕入れにも車検にも金が掛かっているのに、その値段は明らかにおかしい。

絶対に何か裏があるはずだ。

舘さんはそれ以降三、四人紹介したが全員買ってくれるまではいかなかった。

どうも、後で聞くと、田中さんにも責任があるから、お前にも協力してほしいと言われていたらしい。最終的にあの車は、彼が紹介した男性が購入したという。

その人が幾らで買ったのか、舘さんは知らない。

ただ、その人は、買って二日後に事故を起こして亡くなってしまった。


後日聞いた話では、田中さんは事故の後にその車をレッカー車を連れて引き上げに向かったらしい。前面がくしゃくしゃに潰れており、廃車にするしかない状態だった。

「ただささ、遠目に見たら、助手席と後部座席に女が一人ずつ乗ってたんだよ」

車に近寄ると、誰もいない。

その後、車を預かっている間中、助手席と後席に女がいる。

フロントガラス越しに、目が合って、にたっと笑った。

田中さんはそう言うと、身震いした。

「ところで、黒田さんはどうなったのよ。全然連絡付かないけど」

「ああ。車の縁が切れたからかな。あの人とも連絡取れないんだよ。普段から連絡取りづらい人だったけど、それでも事故の後、何週間かまでは連絡取れてたんだよ。でもそれ以降、電話番号も解約してどっか行っちまったみたいだ」

全ての騒動が一段落した後で、舘さんは最初に買ってくれそうになった男性と連絡が取れた。電話口に出た男性からは、死んだ女が二人も乗ってる車を宛がいやがってと、嫌味を言われた。

あの十万円も、香典代みたいなものだと思って渡したから、返す必要はないという。

あれからあの車はどうなったのかと問う彼に、車は買った奴が二日後に事故って、もうスクラップになったと告げた。

「そうか。あの女二人もスクラップになったんだな――」

彼はそう呟くと、当時の顛末を教えてくれた。

試乗して高速を走っていると、女の声で、何処に行くのと話しかけられたらしい。

一人で乗っているのに今の声は何だと。キョロキョロしていると、助手席に女が座っていた。バックミラーには、別の女が映っている。こっちは日本人じゃないように見える。

どっちも割と美人な女だったけど、美人だから余計怖かった。

――あんな車、怖くて乗れねぇよ。それより、お前売れなくて良かったんじゃないか。売ってたら、知り合いが死んでたってことだろ。

そう言い残して、彼は一方的に電話を切った。

中古車

久留間さんは今も後悔しているという――。


彼は地方都市に住む営業職のサラリーマンだ。

あるとき、街道沿いの中古車屋で目に入った白いハッチバックのコンパクトカーを購入した。

目立った傷もなく、走行距離も少なく、条件的にはとても良い車だった。下見した後で、すぐにその車を購入し、記念に家族全員で車と一緒に写真を撮った。

普段使いで近所で買い物をするなどの用途としては、とても快適だった。

半月ほどしてその車の癖にも慣れた頃、家族で遠出をした。

一泊二日の温泉旅行だ。

その帰りの高速道路を走っている途中で、何とも気持ちの悪い感覚に襲われた。

ハンドルが勝手に方向を変えようとする。その度に余計な力を入れて戻さなくてはならない。何で急に、こんな不調に襲われるのか。

暫くは我慢して運転していたが、それから五分ほど経って、車のヘッドライトが勝手に点いたり消えたり、ＣＤで掛かっている曲が飛び始めた。

電源系のトラブルだろうかと思っていると、ついにはＣＤの音声に被せるように、変な声が聞こえ始めた。

女の声だ。ずっと何か恨み言らしき言葉を呟き続けているように聞こえる。

「ははは。何か変な声がするけど、これって気のせいだよな」

「多分、ラジオよ」

久留間さんは大根役者の掛け合いのような台詞を妻の真理子さんと言い合った。

二人とも女の声をかき消そうと、普段よりも心持ち大きな声を出しているのだが、無駄な努力だった。

ラジオとは言ったが、ＣＤプレイヤーから音声が流れている以上、当然ながらラジオは入らない。それは夫婦二人とも理解していた。

「一旦停めようよ」

後部座席でおとなしくしていた十歳の娘から声が掛けられた。しかし、高速道路では簡単に運転を中断する訳にはいかない。少しだけ気を付ければ運転はできるのだ。それゆえに路肩に停めるのも憚《はば》られた。

恨み言を繰り返す女の声はどんどん大きくなった。娘もうるさいと声を上げた。カーオーディオの電源を切ろうとしたが、やはり壊れてしまっているらしく、操作を受け付けてくれなかった。

「ちょっとダメもとで、音声のボリューム絞ってくれるか」

真理子さんがボリュームスイッチを回転させると、何故か女の声は聞こえなくなった。これで落ち着いて運転することができる。

高速道路でサービスエリアに入って、食事をした。しかし緊張のせいか体調のせいか、食後に全員吐いてしまった。このままでは運転できなさそうだと判断して、サービスエリアに併設されている宿泊施設で一泊した。

翌朝、高速を利用して帰るのは危険かもしれないとの判断で、スマートＩＣから一般道に下りた。しかし想定外のことが起きた。高速ならカーブが少ないので、ハンドルが変に動いても対応できた。一方で、一般道で交差点を曲がっている途中に、ハンドルが急に想定外の方向に曲がろうとするのには酷く難儀した。

帰宅してすぐに車を点検に出したが、特に機器の何処かに異常がある訳でもないとの検査結果が出ただけだった。

真理子さんからはお祓いに行くべきだと言われたので、安心を買うつもりで近隣の神社に連絡を入れてお祓いを受けた。

それだけでハンドルの不調が直ったのには驚かされた。

久留間さんは、そんな不思議なことが起きるとは思っていなかったからだ。

だが、お祓いを受けた後でも、運転中に女の恨み言がカーオーディオから聞こえてくるのは相変わらずだった。

オーディオユニットを丸ごと交換すれば良いのかもしれない。そうも考えたが、変な声はボリュームを下げておけば聞こえなくなる。久留間さんも真理子さんも、特にドライブ中に音楽を必要としないことが幸いした。応急処置として、暫くの間はボリュームを下げ切るという対処で乗り切ることにした。

車を買ってからひと月半ほど経った頃、車に乗る度に真理子さんが、車内に知らない女がいると言い出すようになった。

どんな女なのかと訊くと、上から下まで真っ黒な服を着ていて、ガリガリに痩せた背の高い女らしい。一八〇センチある久留間さんよりも頭一つ高いというから、女性としてはモデル並みの背の高さになる。

あまりにも具体的なことを言うので、過去に車に何かがあったのではないかと疑うのは自然な話だった。しかし、車を買った中古車屋に訊いても、事故歴はないとの返事だった。食い下がったが、それ以上は分からないと言われてしまった。

ある日、久留間さんが会社から戻ると、真理子さんは車を買ったときに撮った家族写真を見返していた。

何かあったのかと訊ねると、運転席に例の黒ずくめの女性が写っているような気がするという返事だった。

そのときは悪い冗談だと思っていたが、数日経ってから久留間さんがその写真を見返すと、確かに運転席の部分だけ妙に歪んでいるように見えた。真理子さんにもう一度その写真を見せると、運転席で女性が笑っていると言って、写真を投げ捨てた。

妻がそんな乱暴なそぶりをするのを見たことがなかったので、久留間さんは驚いた。

今から思えば、真理子さんは、その頃から大分追い詰められていたのだろう。

彼女は、再度お祓いを受けたいと懇願し、久留間さんもその意見に賛同した。

妻が落ち着くなら何でもやってやろう――。そんな気持ちだった。

週末、先日とは違う、県内でも大きい神社に向かった。そこは交通安全祈願で有名だと、真理子さんも期待しているようだ。そういえばこの神社のステッカーを貼った車を何台も見たことがある。

お祓いは滞りなく終わり、写真も神社で引き取ってもらった。

自宅に戻って車の写真を撮っても、運転席には何も映らず、スピーカーからも女の声が流れなくなった。

夫婦ともに、やっと肩の荷が下りた気持ちになった。


「この車、何処で買ったの」

ある日、ショッピングモールまで出かけたときに、真理子さんが助手席から降りると、背の高い女が現れて、頭の上から不機嫌そうな声で訊いた。

黒ずくめで全身がやけに薄く、凹凸がないように見える。まるでハンガーに掛けられたワンピースのようだ。

——え、誰この人。

久留間さんは気付いていないのか、さっさと先に行ってしまう。

「あ、お父さん待って——」

「この車、何処で買ったの」

その女の声が、車のスピーカーから聞こえていた恨み言と同じ声だと気が付いたときには、女を無視して駆け出していた。

だが、駆け出しても声はついてきた。耳元で先ほどと同じ台詞を何度も繰り返す。

ショッピングモールの入り口で、久留間さんに追いついて腕に抱きつく。

「どうした？」

「変な女に声を掛けられたの。うちの車を何処で買ったのって訊かれたのよ」

「変な奴がいるな」

だが、周囲を見回しても、それらしい女の姿は見えない。

「黒い服ですごく背が高くて、痩せぎすで、声が車で何か言ってた女の声と一緒だったのよ。変じゃない！」

狼狽《ろうばい》した真理子さんを宥《なだ》めながら、予定していた買い物を済ませて家に戻った。

それから一週間ほどの間、様子を観察した結果、久留間さんは真理子さんを車に乗せるのは暫く諦めるべきかと考えていた。

久留間さん自身には、真理子さんの見た女の姿は確認できない。しかし、出かける度に、毎回何処かで女が出てきて、妻に色々と訊いていくと言われるのだ。

車を何処で買ったのか、その車で何処に行ったのか、ショッピングセンターのトイレ、エレベーターから出た瞬間、商品棚の死角。女はありとあらゆるところから出現するらしい。

こうなると、もはや妄想ではないかと思えた。

久留間さんの住む地域では、ちょっとした買い物にショッピングセンターに行くにも、車を使う必要がある。日々の買い物はできるだけ夫の久留間さんが一人で済ませるか、生協を使うようになった。

それで症状が安定するなら、安いものだ。そう考えていた。

ある日、仕事から帰ると、真理子さんは寝込んでいた。

体調はどうだと問うと、女が自宅に現れるようになったと漏らした。

扉の影から覗くようにして、自分を待っている。

怖くて部屋からも出られない。

トイレに行くのも怖い。

「あの人、ずっと車返してって言ってくるのよ。もうあの車売っちゃってよ！　新しいのにしてよ！　最初からダメだったじゃない！　どうしてずっと乗ってるのよ！」

真理子さんの詰《なじ》る言葉にハッと気付かされた。

そうだ。最初からダメだったのだ。

愛着があるかと問われれば、そこまでの愛着はない。

仕事があるから週末になるまで待ってくれと言うと、真理子さんは納得したようだった。

「今度はいい車だと良いね――」

その笑顔が痛々しかった。


翌日、仕事から戻って、コーヒーを淹《い》れたマグカップを手に書斎に移動しようとしたときに、前から真理子さんがやってきた。いつの間に移動したのだろう。

両手が塞がっていたのでライトも点けず、暗い廊下をそのまま抜けていくつもりだったが、そこで声を掛けられた。

「あの車、あの店に戻す感じ?」

「そうする予定だけど、別のほうがいいかな」

声に違和感を覚えた。何か風邪でも引いているのか、何か喉に詰まっているのか。

――あれ?

違和感は声だけではなかった。目の前に立っているのは妻ではない。体型が薄い。

「――車、返してもらうから」

そう言うと、女は目の前で消えた。動揺した久留間さんはマグカップを落として割ってしまった。

その音を聞きつけた真理子さんが、どうしたのと背後から声を掛けた。


その体験以来、久留間さんにも女が見えるようになった。

ただ、相手は距離を置いてこちらを観察しているようだ。

久留間さんが周囲を気にしているのを知ってか知らずか、女の存在は、会社でも指摘された。

「先輩、気付いてますか？　会社の駐車場の隙間から、背の高い女の人が久留間さんのことをずっと見てるんですけど――」

後輩から指摘された。ストーカーか何かに付け回されていると思われているらしい。

「俺のほうもよく分かんないんだよ。こっちは何も心当たりはないし」

「早めに警察に相談しに行ったほうがいいですよ」

それより、第三者にも見えているのか。

そうなると生きている人間なのか、それとも違うのか。

そういえば生霊という言葉もあった。

もう頭がおかしくなりそうだった。


その週の金曜日の夜のことだった。

明日は、中古車屋に車を売りに行くことになっている。

真理子さんともそう話をして、早めに床に着いた。早めに家を出て、なるべくなら別の車を契約して、ローンを組まないと。

車のない生活はこの地域では無理だからだ。

あの女が憑いているのは何とかならないものか。

車を売っても、ずっと憑いてくるのではないか。それだけが心配だった。


まだ暗いうちに目が覚めた。

早く床に着いたのは確かだが、起き上がって時計を見るともうすぐ午前四時だ。早すぎる。二度寝でもしようかと思って横になると、頭上から声がした。

それは久留間さんよりも頭二つ分高いところから、彼の妻の顔で言った。

薄い胴体。真っ黒な装束。真理子さんの言った、ハンガーに掛けられたワンピースという表現が的確だったということが理解できた。
「返してもらったから」
何をどう返してもらったのか。ただ、それがあの車のことだということは理解した。
「おい、何をだよ」
そのとき、隣のベッドに寝ているはずの妻の姿が見えないことに気付いた。
全身の血が凍るかのような感覚。
――まさか。
「おい」
女は消えていた。
慌てて部屋のライトを点ける。ベッドの中に手を差し込むと、もう冷えていた。
久留間さんは舌打ちした。
真理子さんはペーパードライバーだ。
結婚以来、十五年が経つが、自分で運転したところを見たことがない。
妻の名を呼びながら家中を探し回る。
すると、娘も部屋にいないことが明らかになった。
真理子さんが連れ出したのだろう。

一体何処に連れ出したんだ。

携帯に電話を入れると、ベッドサイドからコール音が響いた。

「結局それから三時間くらいしてから、交通事故を起こしたという連絡が入りまして。車は大破。娘がシートベルトをしていなかったので、後部座席から吹っ飛んでフロントガラスから飛び出しちゃって亡くなりました。妻とはそれが原因で離婚です。今は彼女がどうしているかは分かりません。あと——車は、もう二度と買わないつもりです」

久留間さんは、なるべく感情を表に出さないようにと心掛けているようで、平坦な声でそう語り終えた。

約束

奈美子がまだ高校生だった頃の話だという。当時のクラスメイトに、代々続く地主の長男である満秀という友人がいた。

彼の家には母屋、離れが二棟に蔵まであり、他に広大な田畑を持つ農家だった。

裕福な家の子供は、時にいじめられたり妬まれたりすることもあるが、満秀は性格も良く、活発で明るい人気者だった。

ある日、彼は友人を集めて、真剣な面持ちで言った。

「皆に相談したいことがあるから、週末にでも誰かの家に集まることできる？」

「何？　どうしたの」

奈美子の両親も友人関係に理解があった。何かあると仲間が部屋に集まっている。

何ならうちに来る？　と提案すると、満秀は助かるよと笑顔を見せた。


その週末に、仲間五人で集まって話を聞くことになった。

満秀は風呂敷に包まれた荷物を持参している。彼はそれを横に話し始めた。

「この間、両親が言い出したことなんだけど、もう何年も開けてないうちの蔵の中を整理をしようってことになって、家族全員で、蔵の大掃除を始めた訳よ」

先祖以来の蔵の中身には、満秀の両親でも内容が分からない物もあるという。そこで、曾祖父と祖父母がまだ元気なうちに、その辺りを確認しておきたいという意図だった。

蔵の中には、代々買い集めた様々な骨董品や巻物、何が入っているか分からない数えきれないほどの木箱や、書籍、写真などが収められている。

一つ一つ確認しながらだと当分掛かりそうだねと、家族は口々に言いながら、少しずつ手を付けていった。

そんな中、満秀が三十センチ四方ほどの古びた木箱を掘り出した。振っても音がしない。それにいい感じに古びていて格好いい。中身が空なら何かに使えるだろうと思い、部屋に持ち帰った。

それから毎日少しずつ時間を作っては家族で蔵の整理と掃除を進めていったが、まだまだ先が見えない状況で数日が過ぎた。

ある夜、満秀が寝ていると、ガサゴソと何かの音がして目が覚めた。

時計を確認すると、まだ深夜だ。

この音は何だろう。昆虫だったら嫌だなと思いながら、満秀は部屋の灯りを点けて音の出所を探し始めた。

暫く探した末に、音は蔵から持ち帰った木箱の中からだと気付いた。

木箱はまだ開けてもいないし、そもそも密封されているようで、開けようにも何処から手を付けて良いか分からない。

中に虫か何かがいるにしたって何処から入ったのかということになる。

手に取って左右前後に揺すっても音はしない。だが、箱を棚の上に置くと、またガサゴソと音が聞こえてくる。

詳しくは夜が明けたら調べてみようと、一旦タオルで包んで押し入れの中に片付けた。

そのとき、突然青い顔をしたお姉さんが部屋に飛び込んできた。

「何だよ、びっくりさせるなよ！」

深夜に突然部屋を訪れた姉に文句を言うと、彼女は片手に満秀のものよりも一回り大きな箱を抱えていた。どうやら彼女も自分よりも大きい木箱を、蔵から秘密裏に持ち帰っていたらしい。

聞けば、今しがた満秀が体験したのと同じことが起きたので、怖くて箱を持って満秀の部屋へ来たのだという。

「怖くなって押し付けに来たのかよ」

「そういうんじゃないけど——何であんたも箱持ってるのよ。呆れた」

蔵から勝手に持ち出したのは姉もだが、彼女は自分のことは棚に上げて口を尖らせた。

だが、二つの箱を一緒に置くと、先ほどからのガサゴソという物音がしなくなった。

どうしてそうなるのか、理由は分からない。

「それ、怖いからもう要らないや。蔵に戻すなり好きにして」

姉はそのまま満秀の部屋に箱を置いて出ていった。勝手なものだ。

ただ、偶然としても、物音が収まったのは悪くない。

その晩はそのまま何事もなく眠りに就いた。

翌日、学校から帰ってきた満秀は、箱の中身を確認しようと考えた。

しかし、何処から箱が開けられるのだろうかと観察しても、何処にも継ぎ目が見当たらない。叩いても引っ掻いても、木箱は頑丈に作られており、一時間ほど悪戦苦闘したが開かなかった。

次の日にも挑戦したが、開かない。

満秀はもう道具でも何でも使って壊すしかないだろうと考えた。

「それで、どうせ壊すんだったら、その前に誰か開けられないかと思って今日集まってもらったんだよね」

　と、苦笑しつつ、傍らに置いた風呂敷の結び目を解いて、おもむろにタオルで無造作に包まれた箱を二つ取り出した。

「それがこの箱なんだよ」

　満秀は掌で箱を叩いた。


　皆、興味津々な面持ちで箱を観察している。

　相当古びた木製の箱で、何らかの図柄が描かれているようだが、それが何かも判断が付かないほどに退色している。更にその上に汚れが覆っている。

　満秀の姉が蔵から持ってきたという箱のほうは、人の頭部より一回り以上大きく、まるで骨壷を入れる箱を連想させる大きさだ。

　奈美子は、そちらの箱を見た瞬間、ぞわっと背筋に悪寒が走った。

　友人達は、あれこれ開け方を模索していたが、結局誰も開けることはできなかった。

「やっぱり開けるなら、壊すしかないと思うよ」

「ノコギリ？　ハンマー？」

「やめて！　この部屋で開けないで！」

奈美子は咄嗟《とっさ》に大声を上げた。

友人達は何かを察したのか、この部屋で壊すのはやめようと同意してくれた。

「確かに随分汚れてるものな。力任せに開けようとすれば埃も立つだろうし、屋内で壊すのはやめといたほうがいいだろう」

「それじゃウチのガレージならどうだろう」

雄一が名乗りを上げた。


皆で木箱を開けに、ぞろぞろと雄一の家へ向かう。

奈美子は箱をじっと見ていると、吐き気と頭痛が起きるので、まじまじとは見ていなかった。しかし、どうにも気になることがあったので恐る恐る手に取ってみた。

満秀の言う通り、木箱の開け口が見当たらない。

「この箱、古いのと汚れてるのが合わさって、開けるための取っ掛かりも分からないから、まずはできるだけ表面を綺麗にしたほうがいいかも」

満秀は、俺も散々開けようとしたんだよと笑いながら言った。

「どうせ壊すんだから、思いっきりハンマーでぶっ叩けばいいじゃん」

「でも、もし中に何か入ってたらどうするの？　力任せで開けようとしたら、それも壊しちゃうかもしれないよ。とにかくできそうなことは試そうよ。壊すだけならいつでもできるんだからさ」

満秀と奈美子の間で、少し言い合いになったが、友人達の間でも、力任せに壊すよりは、何かの形で開けられるのなら、試しても良いだろうという意見が通った。

「鉋《かんな》で削れば、継ぎ目とかが分かるようになるんじゃないかな。ちょっと色々工具を取ってくるよ」

奈美子は自宅に戻り、鉋を始めとした木工用の工具を持って帰ってきた。彼女の父親は住宅の内装を行う職人で、お古の工具なら家に幾つも転がっている。

「ガレージに着いたら、まず、これで表面を削ってみるね」

「奈美子のやりたいようにすれば良いよ。もしそれでも開かなかったら、でかいハンマーもあるから、それで割っちゃおう」

まずは木箱の表面を薄く削っていく。この際、表面に描いてあった絵柄は諦めることになった。勿論満秀に許可は取ってある。そもそも破壊しようとしているのだから、気にすることはないという返事だった。

思った通り、木箱は釘などを一切使っていない木組みの技法で密閉されている。

「これなら開けられるかもしれないよ」

持参した道具を用意して、何とか大きく破壊することなく二つの箱を開けることができた。どちらの箱も、中には何重もの布で包まれたものが入っていた。

「ここから先は、持ち主の満秀に任せるよ」

他人がどうこうして良いものには思えなかったからだ。

大きい箱は雄一が確認するよと言って、満秀と二人で並んで、恐る恐る布を一枚ずつ剥ぎ取っていく。

最後の一枚を取った瞬間、二人は殆ど同時に大声を出して仰け反った。

何が起こったのかと皆で駆け寄って箱の中を覗くと、小さい箱にはミイラ化した「人の手」らしきものが、大きい箱にはミイラ化した人の「頭部」らしきものが入っていた。

皆は動揺を禁じ得ないようだった。

何だよこれと、情報を処理しきれずに怒り出す者もいれば、すごいすごいと、やたらとテンションを上げる者もいた。

そんな中で、奈美子はやけに冷静にその「手」を観察している自分に気が付いた。

もしかしたら――。

「この手と頭は、もしかしたら人間のものじゃないかもよ。ほら、爪の形も三角形に尖ってるし。頭にも角が生えてるじゃない」

前頭部辺りには、親指の先ほどの出っ張りがある。明らかに「鬼」だ。

これには騒いでいた友人達も静かになった。

「どうする？」

「どうするったって、こんなの満秀の家の大事なものに決まってるだろ。持って帰らなくて良いのか？」

「先祖代々のものだろうから、勝手しないで、持ち帰って家の人に教えたほうが良いよ」

口々にそう言われた満秀は、手と頭を箱に戻し、一旦家に持って帰って親に聞いてみると言った。

——箱を壊さなくて本当に良かった。

奈美子は胸を撫で下ろした。

その日はそのまま一旦は解散となったが、それから一時間もしないうちに、満秀から再び連絡が入った。

曾祖父が辛うじて事情を知っているので、ちゃんとその話を聞いてまとめるから、また明日集まってほしいとのことだった。

満秀の家に伝わる内容によると、三百年以上も前の話、その当時の当主の元へ、ある夜、鬼が訪ねてきて物乞いをしたという。

そこでお腹一杯食べさせると、家族がいるので食べ物を分けてほしいと願い出た。当主は、その見返りにこの家を代々途絶えることなく繁栄させることができるのならば、お前の家族全員を、この家に置いて助けるから連れてこいと告げたという。

その言葉に対して、鬼は約束すると言ったが、当主は、鬼の言葉は信用できない。まずお前の片手を切ってここに置いていけと命じた。

鬼は自ら片手を切り落とし、これから家族を連れてくると告げ、程なくして戻ってきた。当主は約束通り全員に食事を与え、それから離れで隠れるように住まわせ、お家繁栄のために鬼の力を使わせていたという。

暫くすると最初に来た父鬼であろう鬼が病に伏し、もう虫の息になったときに告げた。

自分の切り落とした手と、自分の頭を、それぞれ木箱に入れて人目に付かない場所に祀るがいい。そうすれば、この家の繁栄を約束する。ただし自分の家族が死ぬまでは、この家で匿うことを約束してほしい。もしそれを守らなかったら、すぐさまこの家は潰す。

当主は約束を守り、言われた通りに亡きがらの首を切り落とし、手と頭を木箱に入れて、人目に付かない蔵の中二階に祀った。

残された鬼の家族は全員最期まで離れに住まわせ、全ての鬼達が亡くなった後は、鬼の家族全員の碑を敷地内に作り、毎日鬼への供養と、お家繁栄の祈願をしたという。

だから、今でも絶えることなく我が家は栄えているのだと、曾祖父は満秀に告げた。

この家を継ぐ者は、ずっと鬼の供養と祈願を続けていかなくてはいけないのだ。

曾祖父は複雑な面持ちで満秀に説明してくれたらしい。

「――俺、どうしたら良いかなぁ」

自分自身では知らなかったことではあるが、箱を開けてしまったというのは、三百年にも亘る、鬼との約束を違《たが》えてしまったことになるのではないか。

そう満秀は悩んでいた。

満秀の曾祖父の複雑な表情もそれを裏付けているように思えた。

それから満秀の家の者達は、たった一年の間に次々に病気や事故で亡くなり、あれだけ大きかった地主一族は絶えてしまった。

最後の跡取りとなった満秀の死因は突然死。

享年十七歳だった。

大工の家

「あんた働き者だし、うちの家に嫁に来ないかって誘われるんです。女で警備員をやっていたりすると、現場でそんな冗談が飛び交うのはよくあることでした。ひょっとしたら向こうからしたら冗談じゃないのかもしれないですけどね――」

恵さんは当時のことを少しだけ懐かしむように語った。

「季節労働者として、冬場に仕事を受けて現場に来る人の目的の一つに、都会に出てきて職場で嫁を探す、いわゆる婚活が含まれているのかもしれませんね」

恵さんは首を傾げた。

「それで、ある年にそういう感じの人が、現場に派遣されてきたんですよ――」

戸村さんという初老の男性と、その甥っ子の涼介さんは、冬の間だけお世話になると言って、晩秋から恵さんの職場に入ってきた。

二人の出身は東北の海辺だという。

それで冒頭のような冗談を何度も繰り返されたらしい。

「どうだ、涼介。恵さんを嫁に貰って帰れ」

「俺はあんまし、そっち方面に興味ないから」

「だから外から連れて帰れって嫁にせんと」

そんなやり取りを見て、何だか不穏な感じがすると恵さんは思っていた。

やたらと必死な叔父と、淡白な甥っ子。

恵さんは、単に自分は涼介さんの好みではないのだろうと考えていた。そもそもお互いのことを全く知らないのだし、そういう目で見られても困る。

考えようによってはセクハラに相当するだろう。だから涼介さんの態度は常識的な振舞いに当たる。戸村さんが非常識なのだ。

これ以上彼が冗談を繰り返すようなら、上司に相談をしようと考えていた。

だが、それから数日して、戸村さんの村から来たという、同じ戸村姓の明彦さんが恵さんに教えてくれたのは、彼らの村で半ば公然の秘密になっている涼介さんの家についての話だった。

戸村さんの住む村は海辺であることからも漁師が多く、都会に季節労働に出ている人の大半も漁師なのだという。

だが、涼介さんの本職は漁師ではなく大工という話だった。そもそも警備員をするために季節労働をしているというのではなく、東京には大工の技術を学びに出てきているのだと教えてくれた。勉強の合間に、警備員の仕事で生活費と学費を稼いでいるということらしい。

明彦さんが教えてくれたのは、どうして涼介さんが女性に対して控えめな態度なのかということにも通じる話だった。

涼介さんの家は代々大工で、古くて広い家をずっと改築しながら何百年も住み続けているという。

「俺は色々なとこから聞いた話を束ねているだけだから、本当のところはどうかはよく分からんのだけど、村の中ではずっと言われてる話だからよ——」

戸村さんはそう前置きして、涼介さんの家は、最初に誰が建てたのかは分からないのだが、宮大工だったのではないかという話をしてくれた。

「あいつの家はな、祟られてんだよ」

その家には大工以外は住めないという。

代替わりがあると、必ず当主自ら家に手を入れないといけない。それも割と大掛かりな工事をする必要がある。

一部屋増やしたり、床の間を綺麗に整えるために、床から剥がして天井まで張り替えたり、地下に貯蔵庫を作ったり。

そうしないと、当主は死ぬとされている。

「何でそんなに詳しいかって？　そりゃ、身内に噂好きの奴がいれば、すぐにでも聞こえてくる話だからだな。そんで、噂好きじゃない奴は、うちの村では見たことないね」

明彦さんが言うには、小さな村なので、その辺りの事情はお互い筒抜けなのだそうだ。

「だから、まぁ涼介は話したがらないだろうけど、先々代の話だって皆知ってんだ。まぁ、こいつは本人が色々言ってたってのが正解なんだが――」


彼の話によると、涼介さんのお爺さんに当たる人は漁師だったが、代替わりの際に大きな家が欲しくて色々と因縁を付け、その家を本家から奪ったらしい。

だが、一カ月もしないうちに衰弱して亡くなった。

「夜中になると、自分の身体をバラバラにされるんだ、そう言ってたそうだよ。家に憑いてる何かが夜中にやってくるんだとさ」

当時は涼介さんの父親も漁師だったが、父親が因縁を付けて奪い取った家を、どうにかして売ろうとしても、誰も買い取ろうとしなかったらしい。

「そりゃそうだよな。そんなことが起きる家なんて、買う奴はいないよ。勿論村にも不動産屋はあるが、厄介な物件を抱え込んじまって、その後で何か起きたら責任取れないし、そもそも自分の身が危ないもの」

結果、涼介さんのお父さんは途方に暮れて、大工仕事を身に付けるために職人に弟子入りした。

そして一部屋を壊し、大工仕事で覚えた技術でゆっくりと作り直していった。

「あいつの父親ってのはコツコツとやる男でね。部屋を壊してから全部作り上げるのに一年以上掛けてたよ。そんで、夜中になると、やっぱり何かが出てくるらしいんだ。でもな、そうやって手がけている間は、『しっかりとやれ』というだけで許してもらえるんだと。だから涼介も大工になったんだ」

夜中にやってくるのは大工の服装をした男で、手には刃物を携えている。全身真っ黒で、それでも人相は分かる。日焼けをしたいかつい顔をして、仕事の様子を毎晩確認していくという。

ただ、部屋を完成させたときには、にっこりと笑って消えたらしい。

「これは、俺が涼介の親父さんから直接聞いたことだから間違いない話だな。だから涼介のとこはやめとけ。あいつの親父さんも、事情を知らない嫁を取るのが大変で、見合いで結婚したんだ」

それでも騙し討ちのような結婚だっていうので、散々揉めたみたいだけどな。

何家族も住めるような一軒家で、涼介をはじめとして兄弟は皆、いつ自分の番が来るか分からないと、日々大工として修行を続けているという。

「あぁ、でも俺が知る限り、女が当主になったことはないから、そうなった時はどうなるかは俺も知らんな」

明彦さんはそんな話をした後で、再度、涼介のところはやめとけと念を押した。

そして翌日から涼介さんも、二人の戸村さんも職場からいなくなってしまった。それがどんな理由だったかは、聞かされていないので恵さんは知らない。

瓶

清子が高校を卒業した春のことだ。

大学へ進学する者、就職する者と、それぞれの道に進み始める中で、友人の舞子は、就職とともに親元を離れ、都内の賃貸マンションで一人暮らしを始めることになった。

引っ越しにはお金もそんなに掛けられないので、軽トラックを借りて、仲間同士で家具や段ボール箱などを運ぶことにした。

舞子の新居は、私鉄の急行が停まる駅から徒歩で十分ほどの距離だ。六階建てマンションの三階にあり、角部屋1Kの間取りだ。日当たりも良く、高校を卒業したばかりの女の子が、初めて一人暮らしをするにはちょうど良い環境だ。

早朝からの作業だったが、荷物を部屋に運び込み片付けもそこそこ終わった頃には、夜の八時を回っていた。

舞子は初めての一人暮らしということもあって、期待に胸を膨らませているようだった。

「まだ終わっていないけど、花くらい飾っておきたいよね」

作業の合間に買いに行ったのか、それとも実家から持ってきていたのか、舞子は小ぶりの花瓶に可愛いらしい生花を生けて窓際に飾った。

「それじゃ、もう今日はお腹も空いたし、近所のファミレスで夕飯にしようよ」

舞子の提案で、皆で店に向かう。

「今日は疲れたねー」

「あぁ、もうこんな時間かぁ。時間も時間だから、俺らは飯食ったら一旦帰ることにするわ。軽トラ戻しにレンタカー屋に寄らないといけないしな」

「ありがとうね。みんなのお世話になりっぱなしで」

「いいよいいよ。お互い様だもの。明日来られる人で、また手伝いに来るよ」

食後、そのままファミレスで解散となった。


翌日は清子と伸也、高志の三人が舞子の部屋を訪ねた。

細々とした片付けの続きや、不足している生活用品を手分けして買い出しに行く。

まだ持ち込んだ荷物も少ないので、夕方には片付けも買い出しも一段落ついた。

「せっかくだし、何か買ってきて食べながらお喋りをしようよ」

「そうだねー。パーティーってほどのことはできないけど、やっぱりお祝いくらいしたいよね。俺らで食い物代出すよ」

「そんなぁ。気を遣わなくてもいいのに」

とはいえ、まだ高校を卒業したての四人だ。スーパーで出来合いの惣菜や菓子、それに清涼飲料水を買う程度のささやかなものだった。

買い物を終えて部屋へ戻ると、早速引っ越し祝いを兼ねた食事会が始まった。

最初は一人暮らしはいいなぁといった他愛もない会話をしていたが、そのうちデリカシーのない伸也が家賃の話などにまで触れ始めた。

清子はやめなよと諫めたが、どうやら伸也には思うところがあるようだ。

「昨日から気になってたんだけどさ、ここって事故物件だよね」

舞子はあっさりとそれを肯定した。

「そうだよ。何かこの部屋、前に殺人事件があったらしいよ。でも私の前にも何人か入居してるし、もう関係ないじゃん」

その場の友人一同は、あまりにもあっけらかんと認める舞子に一瞬戸惑ったものの、その後は爆笑した。

「まぁその話だと、事件から随分経ってる感じだし、舞子が気にしてないなら大丈夫だな」

そう言った瞬間、窓際に飾ってあった花瓶が、パンと音を立てて割れた。

「え、何今の。俺のせいじゃないよね」

伸也が青い顔で振り返る。

舞子が慌てて水を拭き、仮置きに花を紙コップに入れた。

「偶然だよ。きっと昨日の荷解きのときに、ヒビが入ってたんじゃないかな。それにしても、伸也、よく事故物件だって分かったね」

「うん。さっき舞子が家賃が他より安いって言ってたじゃんか。確かに家賃は安いに越したことはないと思うんだけどさ、駅前の不動産屋に貼ってあった相場よりも大分安いから気になってたんだ」

その会話を聞きながら、清子は何とも言えない嫌な予感がした。それよりも花瓶にはひび割れなど入っていなかったはずだ。段ボールから取り出したのが清子自身だから分かる。そうなると、触れてもいないのに割れたことになる。

彼女は内心、この部屋に本当に住んでいて大丈夫なのだろうかと気になっていた。紙コップに生けられた花は心なしか萎れているようにも見える
しかし、舞子をはじめとする他の人達は偶然と思ったらしい。特に気に掛ける様子もなく、それぞれのこれからの進路の話をしている。

――そうだよね。私の考えすぎだ。

夢中で話をしているうちに、気付けば時間は夜の十時を回っている。

皆はすっかり長居しちゃったねなどと言いながら、各々帰路に就いた。


舞子の引っ越しから一週間が経った。

清子の元に、舞子から〈相談したいことがあるから来てほしい〉という連絡が入った。

彼女は仕事の休みを利用して舞子を訪ねた。

「一週間ぶりかな。どう。部屋には慣れた？」

「うん。そっちはいいんだけど、この間の引っ越しの後で、みんなで食べながらお喋りしてたじゃない。そのときのこと覚えている？」

勿論覚えている。舞子も、触れていない花瓶が割れたことを言っているのだろう。

「あれから何回花瓶を変えても、その日の夜九時になると割れちゃうのよ」

買ったばかりの花を生けても、花瓶が割れると萎れ始め、他の花瓶やコップに生け直しても枯れてしまうらしい。

「いつの話か分からないけど、ここで起きたっていう殺人事件とか、関係あるのかな」

「きりがないから今は百均でプラスチックのコップを買ってきて飾ってるんだけど、それもやっぱり割れちゃうんだよね」

いつも明るい舞子が、この日は神妙な面持ちで相談をしてきた。

年数もかなり経過していることと、管理会社の不動産屋が転々としたことで、どうやら詳細が分からなくなっているらしい。

まず、舞子が手持ちのスマートホンを使って短時間検索する程度では、当時のことは出てこなかったという。それではと、管理している不動産屋ではなく、直接部屋のオーナーに訊けば良いのではないかと、一度連絡を取ってみたが、そちらも投資物件として購入したばかりなので、詳細が分からないという。

つまり、現状では手詰まりだ。そもそも今回の花瓶が割れることと、過去の殺人事件が関係しているかすら分からない。

「どうする？　お花を諦めるっていう手もあると思うんだけど」

「それもそうなんだけど、気になるじゃない？　そもそも何でこんなことが起きるのかさっぱり分からないし」

舞子は自分は幽霊は信じていないので、きっと何か物理的な仕掛けが働いていると思うのだと言った。確かに再現性があるなら、それは偶然ではなく、何か理由があると考えるほうが自然だ。

「それじゃさ、まず何が起きてるか記録するところからかな」

「記録？」

「うちに最近使っていないビデオカメラがあるから、それ持ってくるよ。撮影してコマ送りで見れば、もしかしたら何か映ってるかもしれないじゃない？」

清子がそう言うと、舞子はその案に賛成した。


日を改め、清子が泊まることができる日程で、ビデオ撮影作戦を敢行することにした。

作戦当日、清子は自宅にあったビデオカメラと三脚を持参した。

舞子は既に真新しい陶器の花瓶に、買ってきたばかりの花を生けてある。

その花瓶に向けてビデオカメラを三脚に固定して撮影を開始する。時刻は午後八時四十五分。

二人は、普段と同じようにお菓子をつまみながら談笑しているが、視線は花瓶のほうへと向けている。これから起きるであろうことを何事も見逃さないつもりなのだ。

あと一分。

時計と花瓶を凝視する。

あと十五秒。

九時ちょうど。

突然花瓶が音を立てて割れた。その場で砕けた花瓶と、その中に収められていた水が滴り、生花が倒れて床に散った。

舞子は花を拾い上げると、用意してあった雑巾で水を拭き、敷いてあった新聞紙で怪我をしないように破片を包んだ。手慣れたものである。

一方でその片付けの最中に清子はビデオの撮影を停止し、三脚から取り外してテレビに繋げた。大画面のほうが確認しやすいからだ。

二人は何度も割れた瞬間を再生する。

通常の再生、スローモーション再生、コマ送りと何度も繰り返して見ているうちに、違和感が言語化されていく。

「これってさ」

清子が気付いたことを漏らす。

「花瓶が内側から割れてるように見えるよね」

「うん」

外部から受けたダメージなら、そこから力を受けた方向に破片が飛び散るはずだ。しかし、スロー再生された映像では、綺麗にほぼ同じタイミングで外側に向けて破片が飛んでいる。

内側からぎゅうぎゅうに圧力を掛け、花瓶の耐えられる限界を超えた。――そのようにしか見えない。

コップや花瓶の経年劣化で割れたとしても、こうはならないだろう。

でも何故内側から？

疑問はなかなか解決しない。

確かにビデオ撮影したことで、ヒントめいたものは見つかった。しかし、それは新しい疑問の始まりでもあった。子供の拳も入らない程の細い花瓶やコップに、どうやったら内側から圧力が掛けられるのか。そして何故、決まって夜九時ちょうどに現象が起きるのか。

「明日さ、水も花もを入れないで、もう一回やってみてもいいかな」

花瓶だけが問題なのか、中の水が必要なのか、それとも花があることが条件なのか。問題を切り分ける必要がある。

もう一つは、殺人事件当時の記憶を持っている人を探し出すことだ。そこで友人にも協力してもらい、以前このマンションで起きた事故や殺人、他に自殺など、あらゆることを調査するという手だ。

「仕事もあるから、また週末に来るけど、それまでにちょっとまとめておいてくれる？」

清子は舞子に、色々な組み合わせを使って、毎晩ビデオを撮影することを依頼した。

友人達には、周囲への聞き込みをお願いする。こちらは伸也が面白がってくれ、本格的に調査が開始された。

次の週末。清子が舞子の部屋に行く前に一度ファミレスで会合を持つことになった。何故舞子の部屋ではないかと言えば、もし幽霊のようなものがいたとしたら、その話を聞きつけられて、何らかの対策を採られてしまうかもしれないと思ったからだ。

無論、気休めかもしれないが、伸也もその点を気にして、舞子の部屋に入りたくないとのことだった。

「まずこっちの実験の件だけど、花瓶というか、容れ物の中に水分があることが条件みたい」

どうやら花は必要ないということが判明した。水分のためには容器が必要だが、空っぽの容器だけでは割れなかったという話だった。

「逆に、水が入っていれば、量は関係なく割れたんだよ」

そうなると、相手は水を求めていると考えていいのだろうか。ビデオを確認できるかと問うと、今も撮影中だからと舞子が答えた。会合が長引いた場合を考えたのだろう。

「こっちの調査でも進展があったよ」

仲也はプリントアウトされた紙を片手に話し始めた。

「まだ確証ってほどのものは出てきていないのだけど、舞子の今住んでる部屋は、事故物件といっても、どうやら幾つかの事件が起きているらしい。他にも自殺者が出たり、屋上から飛び降りたりとか、あのマンション自体にやたら色々あるんだけど、複数の事件が起きているのは、あの三階の部屋だけみたいだ」

舞子は殺人事件があったと話を聞いているというが、それよりも前に、住人が自殺している。

殺人事件自体は実際には部屋で亡くなっている訳ではなく、痴話喧嘩の果てに女が男を刺した事件が噂の元になっているらしいということが分かった。

「何か、どっちも瓶が割れるのとは関係なさそうね」

「そう思って、まだ何かないかと聞き込みをしていたら、ちょうど近所の爺さんと知り合いになったんだよ」

調査に行き詰まりを感じている途中で、仲也はマンションの近所に住む地元出身だというお爺さんと、飲み屋で知り合ったらしい。彼は地元に何軒かアパートを持っているらしく、近隣の事件にも詳しかった。

彼が「あまり大っぴらにはしたくない話だよ」と前置きして教えてくれた話は、今から三十年以上も前の事件に関してだった。舞子の部屋で女が男を刺した事件よりも、自殺があったよりも、もっと昔の話になる。

「俺達が生まれるずっと前だし、ネットもないような頃の話だから、裏を取るのが難しいんだよな。何か再開発されちゃってるみたいで、当時を知る住民も減ってるって言ってたし」

そんな言い訳じみた前置きの後で、伸也は老人から聞いたという話を教えてくれた。

当時、舞子の住んでいる部屋には、今で言うシングルマザーが三人の乳飲み子とともに住んでいた。

その母親はまだ乳飲み子の子供達を留守番させ、夜の街で働いていた。

今で言えばネグレクトに相当するような環境だ。

子供達は夜になると、いつもお腹を空かせており、夜泣きや、子供同士で喧嘩などを繰り返していた。実際に、老人の話では、周囲にまで子供達の泣き声が聞こえており、近所からも何度となく改善の申し入れがあったらしい。

母親は深夜に泥酔状態で帰ってくることもしばしばだった。

そんなある夜、酔って男を連れて帰った。それは、まだ会社員時代の老人が、帰宅途中に目撃したことだという。

その夜から子供の泣き声がしなくなった。近所では旦那ができたことで、母親が子供の面倒を見られるようになったのだろうと考えていたようだ。

それから三カ月ほど経ったある日、老人がマンションの前を通り掛かると、風に乗って何やら嗅いだこともない異臭がした。

腐臭のようにも感じたので、不穏に思った老人は、当時の管理会社の不動産屋に連絡を入れた。この不動産屋の社長は地元出身で、老人の同級生でもある。そこで二人で異臭のする部屋を特定し、呼び鈴を鳴らした。

そのとき、室内から子供の泣く声が聞こえた。

不動産屋は合い鍵を使って部屋へ入った。通常なら不法侵入になるところだが、母親が普段から子供を放置気味だったので、緊急避難の範疇だと考えたのだろう。

キッチンを通り、寝室で目にした光景は、目を覆いたくなるようなものだった。

三人の幼児達は半ば腐乱して異様な臭いを放っている。大きく広がった三人の幼児の口には哺乳瓶がはまっていた。舌が鬱血膨張しているのか、肉の塊が、ガラス瓶の内側を満たしていた。全身の到る所に蛆が這い回り、壁と天井には黒々とした蠅が無数に留まっていた。

二人は部屋中を見てまわり、先ほど廊下で聞こえた泣き声の主を探したが、何処にもいない。その後、警察に連絡し、間もなくパトカーと救急車が到着した。

緊急避難ということで、不動産屋とお爺さんは、その場で簡単な事情聴取を受けただけで済んだ。

お腹を空かせた何も知らない子供達は、ミルクの味がするので必死に瓶を舌で舐めまわしてる内に舌が瓶の中へハマってしまったのだろう。それに母親も男も気付くことなく、静かになったのを幸いと子供を放置し、女と男はそのまま逃げ出したという話だった。


「——どうやら、この母親というのは、色々とおかしなところのある女みたいでな。男に連れられて歩いている間、留守中にも自分の子供達のことを全く気に掛けていなかったみたいなんだ。男はヤクザ者というかチンピラで、赤ちゃんが泣くからと、ミルクの入った哺乳瓶を乳首を付けないで口に突っ込んだらしいんだよ」

絶句するような話をする。

事実、この話をしてくれた老人も、思い出すだに想像を絶する悲惨な光景だったと、ハンカチで何度も涙を拭いながら話してくれたという。

「頼まれたから、俺のほうでも調査はまだ続けるけど、正直、嫌な話すぎてさぁ。もう諦めてすぐにでも引っ越したほうがいいと思うよ」

仲也は窓の外を見ながら、「悪い。飯、食えなくなっちまったなぁ」と頭を掻きむしった。

ファミレスで仲間達と解散し、清子と舞子は二人で今夜も舞子のマンションへと戻る。

その足取りは重いものだった。今しがた聞いた話の男女に憤っても、三人の子供の運命に悲しんでも、どちらも今更言っても仕方がないことだ。

「あのね、まだあの場で言ってなかったことがあるの」

舞子はそう言って、先日から続けていた実験の続きを話し始めた。

「さっき話した結果は、どれも陶器の花瓶を使ったものなの。でも、昨日やってみたのは、今度は割れないような素材を使うことを考えてみたの」

割れない素材として、二リットルの水のペットボトルを使ってみたという。その結果、午後九時過ぎに、ペットボトルはぺきぺきと音を立てながら丸く膨らんでいった。最後はボトルにある段が消えていたというから、相当大きくなっていたことが分かる。

その膨らんだペットボトルの内側に、異様なものが見えたというのだ。

「最初何か部屋のものが映り込んでいるのかなって思ったんだよね。向こう側も透けて見えてたから」

ただ、それはペットボトルの内側を舌で舐めているように見えた。

「角度を変えてみても見えるんだよ。さっき、三人の子供って言っていたじゃない。あたしには、三人の子供の頭が、くっついているみたいに見えたんだ」

舞子が身を震わせた。胴体はなくて首から上だけ。阿修羅像の頭部のように後頭部でくっついた頭が、無理やりペットボトルの内側に収まっている――。

最終的に蓋を開けていないボトルの内側からは水がなくなり、ぺしゃんこになった。ペットボトルをパンパンに膨らませるほどの力が内側に掛かるなら、陶器なら確かに割れるかもしれない。

三人の子供達の頭部が、水を求める妖怪のようになって出現したのだろうか。

もし、子供達の無念が何かを訴えているなら、花瓶を哺乳瓶だと思って、今でもミルクを求めて夜な夜な彷徨《さまよ》っているのかもしれない。

それなら、本当は水ではなくて、ミルクがいいのではないか。

二人で話し合った結果、結局のところ、試す必要があるだろうという結論になった。

哺乳瓶にミルクを入れておいてみるという実験だ。

帰宅前に、駅前のスーパーで、哺乳瓶三個と粉ミルクを買って部屋に戻った。

昨晩舞子が見たという子供の頭部が合体したお化けは、ビデオには記録されていなかった。肉眼でしか見ることができないということなのだろうか。

部屋の隅に長座布団を敷き、そこにミルクを入れた哺乳瓶三本を置いて、新しい記録用のカードを挿したビデオカメラをセットする。

一晩撮影している間に、何かの現象が起これば記録されているはずだ。

その晩は、あまりにも多様な情報が入ってきたせいか、二人とも九時を迎える前に睡魔にやられて寝落ちしてしまい、気付けば朝になっていた。


「昨日はいつの間にか寝落ちしちゃったね」

「何か記録されてるといいんだけど――。あ、コーヒー淹れるね」

舞子がキッチンへ向かったので、昨夜置いておいた三本の哺乳瓶を見ると、半分以上入れてあったミルクが空っぽになっている。

「やっぱりミルクなくなってた！」

コーヒーを飲みながらビデオをチェックすると、夜九時を回った頃から、置かれた哺乳瓶がゆらゆらと揺れ始め、少しずつミルクが減っているのが映っていた。

だが、子供の姿や舞子の目撃した異形などは何も映っていない。

「やっぱりお腹を空かせて亡くなった三人が、まだ彷徨っているのかな」

「苦しかったんだね。それなら、毎晩ミルクにすれば供養になるのかしら」

舞子はそう言って、笑顔を見せたが、清子の頭には、昨晩の伸也が言った、「もう諦めてすぐにでも引っ越したほうがいいと思うよ」というアドバイスが浮かんだ。


舞子は性格もあってか、あまり気にしてはいないようだ。

「毎晩ミルクあげれば特に問題ないもんね」

それも大変だし、心配だから引っ越したほうが良くないかと持ち掛けても、お金もないしと、そのままその部屋に住み続けた。

彼女は仕事から帰ると、毎晩ミルクをお供えして眠るということを続けていた。

それからは一月ほど経っただろうか。

早朝、舞子から今すぐ来てと電話があった。何事かと清子がタクシーで向かうと、昨晩あった体験を震える声で話し始めた。

舞子は昨晩、会社で残業を頼まれたという。その結果、帰宅が夜九時を過ぎてしまった。あまりにも疲れて帰宅したため、そのままベッドに倒れ込むようにして意識を失ってしまったのだという。

子供の泣き声で目が覚めた。あぁ、帰ってきてすぐ寝ちゃったんだと思うと同時に、そうだ、ミルクあげてない！　と思い出して、全身から血の気が引いた。

いつも哺乳瓶を置いている長座布団のほうへ目をやると、あちら側を向いた三人の子供達が、哺乳瓶を探しているかのように這い回っている。

泣き喚くぎゃあぎゃあとした叫び声。

子供達がこちらを振り返った。

その顔は穴でも開いたかのように真っ黒だ。

舞子は立ち上がろうとしたが腰が抜けて立つことができない。

子供達が這いずりながら近づいてくる。

身体の上に乗ってきた。子供達の身体が冷え切っている。冷たい。

泣き叫ぶ口元は黒紫のような大きく腫れた舌が溢れている。

子供達はその舌先で舞子の身体を舐めまわす。腐臭が全身を覆った。

舞子は恐怖のあまりその場で気を失った。

彼女が次に目を覚ますと、深夜三時を回っていた。

恐ろしくてもう寝付くことができなかった――。

流石にこの体験は舞子にとってもショックだったようで、もう住んでいられないからと、その部屋は解約して親元に戻った。

幸い、子供は親元までは憑いてこなかったようだが、癇癪《かんしゃく》を起こしたように泣き喚く子供の声だけは、いつまでも耳について離れなかったという。

チーズナン

大輔という三十代の男性が、地元大学の大学院生だった時代の話だという。

クリスマスを間近に控えたある日、同じサークルの後輩である弘樹が、知り合ったインド人からインド料理屋の廃墟の話を聞いてきたと言い出した。彼は早口にその店の話を捲し立てると、早速忍び込みましょうと、大輔を誘ってきたのだという。

大輔も弘樹も心霊スポットマニアで、近県の噂になっている場所にまで足を伸ばし、大体制覇している。弘樹は大輔よりも二つ下で、まだ学部生だ。廃墟や心霊スポットを散策する趣味は、大輔が教え込んだようなものなのだという。

「ここからそんなに遠くないらしいんですよ。ヤンキー達にもまだ荒らされていないって言うから、忍び込むなら今しかないって。一緒に行きましょうよ」

弘樹は興奮して言うが、冷静に聞くと怪しい話だ。彼にインド人の知り合いがいるなんて話は聞いていないし、近隣にそんな廃墟があるというのも初耳だ。

「そのインド人ってのは信用できるのか？」

大輔が念のために訊くと、彼は「多分」と答えた。

「多分って何だよ。周囲に人がいない場所に行くなら昼間でも良いだろ。昼間のほうが安全だし、初めて行くところなら尚更だよ」

「いや、夜が良いんですよ。夜が良いって言われましたし。やっぱり心霊スポットに行くなら夜ですよ」

そんなことを誰に言われたのだろう。ああ、その謎のインド人か。そう言われたからって素直に従ってもいいものだろうか。相手に悪意がある場合のことを考えれば危険な罠に足を踏み入れることになるではないか。

そもそもインド人がインド料理屋のことを教えてくるというのも腑に落ちない。

日本国内でインド料理屋として経営されている店舗は、実際にはネパール人の経営するものが殆どだと聞いている。そうなると、弘樹にその廃墟の話を伝えたのは、インド人ではなくてネパール人の可能性が高い。

ただ、そんなことはどうでも良い話だ。こちらにとってはインド人もネパール人も似たようなものだからだ。それよりも、そのインド料理屋の廃墟が、具体的に何処にあるかというほうがよほど重要だ。

廃墟を訪れるのは冬場に限るというのが大輔の持論である。冬場に降水量の少ない太平洋側に限った話になるが、草も程よく枯れており、晴れて乾燥した日が続けば、湿度も低いので、足元に余裕がある。

今の時期ならスズメバチもおらず、熊などもいないはずだ。特に夜中に忍び込もうとするなら、そのような昆虫や野生動物の襲撃への対策として、冬場を選ぶのは間違いない。

「いつ行きますか。今夜どうですか？」

弘樹は、はやる感情を抑えきれないようだ。

「まぁ、ちょっと待ってってよ。初めて行く場所なんだから、先に地図とかを確認してからだろ」

パソコンでネットの地図サイトに接続し、近隣のインド料理屋の廃墟の情報を探してみたが、何処にも掲載されているサイトが見つからなかった。考えてみれば人口減で限界集落やら廃ホテルやら廃商店街やら、県内は廃墟だらけだ。そんな中で、わざわざインド料理屋の廃墟に忍び込もうなんて言う奴もいないのだろう。

営業していたときの口コミも見つからないのは納得がいかなかった。

そもそも、そこは侵入して大丈夫な物件なのだろうか。

大輔はまだそこを疑っていた。今後、新装改装が予定されていたり、居抜きで別の店舗が入る可能性があるのならば、管理会社が機械式の監視装置を入れている可能性がある。通報装置が生きていると面倒なので、事前にそれらの情報を入手しておきたかったのだ。

しかし、情報がないのであれば仕方がない。現地に乗り込むときには、せめて電気が生きているかを気に掛けておこう——。

「心配しなくて大丈夫ですよ。もう放置されて何年も経っているっぽいですから」

こちらの心配をよそに、弘樹はあっけらかんとした口調で返してくる。どうもその謎のインド人は色々と詳しくその施設のことを教えてくれたらしい。

侵入するなら裏口の鍵が開いているから、そこから入れというアドバイスまでもらっている。

怪しいにも程がある。謎のインド人にとってどんなメリットがあるというのか。

「——まぁ、いいや。とりあえず今晩は下見ってことで」

どうせ車を出すのは自分だ。

そんなことを考えながら、集合時間と集合場所を決めて、一度解散した。


「心霊スポットって、そのカレー屋に何が出るんだよ」

目的地に向かう車の中で、大輔は弘樹に訊ねた。

「白い服を着た男が出るらしいんですよ」

白い服なら女というのが定番だが、男というのは珍しい。いや——。

「その男は、もしかしてインド人なのか」

「そうなんですよ。インド人の幽霊だっていうんですよ。最高でしょ」

弘樹は頭の周囲に布を巻いているようなジェスチャーをした。ターバンを巻いているという意味だろう。

最高かどうかは知らないが、俄然興味が湧いてきた。外国人の幽霊は珍しいのだ。

「それじゃ、行こうか」

県道から一本裏道に入ったところにその店舗はあった。周辺に民家はないようだが、廃ラブホテルの建物と雑木林が広がっていた。店の前の駐車場だった空き地に車を駐める。

新品の単一電池を六本詰め込んだ、鈍器のような懐中電灯を手に持ち、サブのライトを尻のポケットに入れる。灯りは幾らあっても良い。特に心霊スポットでは、急に明かりが消えるということもあるのだ。勿論消える理由自体が不明なのだが。

大輔が鈍器のような懐中電灯をわざわざ持参する理由は、襲われたりした場合に対処できるようにとの考えからだ。

「今日は奥までは行かないよ。監視装置があるかもしれないし、足元がどの程度荒れてるかも分からないから」

興奮して先行しがちな弘樹に声を掛けながら周囲を巡り、電気が来ていないことも確認した。傷み始めてはいるが、まだまだ手を入れれば店舗として再生できる範囲だろう。だが、見た限りでは管理会社の看板もない。

もしかしたら、地権者何人かが争っていて、手が入れられない状態なのかもな。

大輔はそんなことも思ったが、その辺りの事情は知ったことではない。

「裏口から入れるって言ってたな」

「多分こっちですよ」

枯れ草が踏み荒らされていないので、殆ど人が入っていないのだろう。

冬の夜中だ。月明かりとライトの光で、吐く息が白いのが分かる。

幸いなことに、風は吹いていない。

建物の裏側に回ると、金属製のドアが半開きになっていた。

特に制限なく侵入できるとなると、野生動物が入り込んでいる可能性もある。

今は冬だが、果たしてどうするべきか。

――やっぱり昼間に下見に来るべきだった。

大輔は侵入を躊躇ったが、弘樹はお構いなく先に進んでいく。

「食器とか落ちて割れているかもしれないし、足元には気を付けろよ」

聞こえているのかいないのか、返事がない。

裏口はロッカーの並んだバックヤードに続いており、更に先に行くと調理場だ。調理器具はあらかた搬出されてしまっており、調理場全体はがらんとした印象だ。

大輔が厨房を見ていると、弘樹は、既にホールのほうへと移動してしまったようだ。あまり先に行くなと言おうとして、建物内の空気が香ばしさの混じった甘い匂いを含んでいることに気が付いた。一方で、想定していたカレーのスパイシーな香りはしない。

「香ばしい匂いがするんですよね」

戻ってきた弘樹は鼻をすんすんさせていたが、不意に思いついたように口にした。

「これ、ナンを焼く匂いかもしれませんね」

確かに言われてみれば、小麦粉を焼いた匂いだ。

スパイスの香りがしないのだから、ナンを焼く匂いもするはずがないのだが、何らかの食べ物の匂いには違いない。

厨房を抜けて二人でホールに入ると、暗い中に大きなテーブルが幾つか並んでいた。一番奥のテーブルの上に何かが乗っているようだ。

そちらに懐中電灯の明かりを向けようとすると、急に灯りが消えた。慌てて予備の懐中電灯を尻ポケットから取り出すが、こちらはそもそもスイッチを入れても灯りが点かない。

車を降りた段階で、予備のライトも点けっぱなしにしておけばよかった――。

こうなると室内は全く夜目が利かない。月明かりも星明かりも届かないからだ。

足元が確認できなければ探索などやりようがない。

これは撤退だな——。

だが、建物から出ると、何事もなかったように懐中電灯の光が復活した。

弘樹はそれを見て、心霊現象だと無邪気に喜んでいた。


「今夜も行きましょう」

「嫌だよ。寒いし」

昨日の今日で同じ廃墟に行くなんて御免だ。そう答えたが、弘樹はしつこく食い下がった。

結局、根負けして大輔が車を出すことになった。そうでないと一人でも行くと、弘樹が言い出したからだ。廃墟までは自転車で飛ばしても片道一時間以上掛かるが、行って行けない距離ではない。だからといって、一人で行かせるのも「廃墟」を教え込んだ先輩として気が引けた。

複雑な気持ちだったが、昨日と同じ装備で廃墟に向かう。

向かう車中で、弘樹は妙にテンションが高かった。

インドカレーで何が好きかと大輔に訊ね、その答えを待たずに自分はサグマトンが好きだと早口で語り始めた。その説明の途中で彼は何か感極まったのか、突然大声を上げた。

「チーズナン！」

唖然としている大輔を無視して、更に続けて三度大声で繰り返した。

「チーズナン！　チーズナン！　チーズナン！」

大輔が思わず助手席に顔を向けると、弘樹の目の焦点が合っていない。

ハンドルを握る手に汗が滲んだ。

弘樹はどうしてしまったのだろう。正直なところ、もう引き返したかった。

だが、そういう訳にもいかないだろう。引き返すことを提案しようものなら、しつこく理由を訊いてくることが想像できた。

「――落ち着けよ。ハンドル切り損ねたりしたら危ないぞ」

努めて冷静な口調で弘樹を諭すと、彼は無言のまま、じっと大輔のほうを見つめてきた。

十秒ほどじっと見た後で、弘樹は相好を崩した。

「すいません。あの店のチーズナンがあまりにも美味しそうだったんで、興奮しちゃいました」

昨日と同じところに車を駐めて、今度は予備の懐中電灯も点けたままで店舗の裏口から侵入する。

バックヤードを抜け、調理場に出たところで、大輔は強烈な尿意に襲われた。

当然家を出る前にトイレには行っている。普段ならこんなことはないのだが、催してしまったものは仕方がない。先行する弘樹に声を掛ける。

「弘樹、悪い。ちょっと小便してから追いかけるから、あまり奥のほうまで行かないようにして待ってて」

「了解です！」

笑顔を見せた弘樹はホールのほうに向かっていく。先ほどまでの異様なテンションは鳴りを潜めている。ホッとした。

ドアから一度外に出て、少し離れた茂みに向かって立ち小便をする。小便から湯気が立った。考えてみたら、今夜も空気はよく冷えている。氷点下は確実だろう。

そのとき、昨晩も嗅いだ匂いが鼻を衝いた。香ばしさとともに甘い匂いが漂ってくる。

チーズの匂いだろうか。

先ほどの弘樹の言葉が耳に残っている。

「チーズナンがあまりにも美味しそうだった」

確かにあいつは、そう言った。こんな廃墟に焼きたてのチーズナンがあるはずがない。

――あいつ昨晩、一体何を見たんだ。

そう思うと、背中に冷たいものが走った。大輔は早足でバックヤードを抜け、弘樹のことを追いかけていった。

「あのインド人、最高だな！」

懐中電灯の光に照らされたホールに弘樹の奇声が響いていた。

昨日はよく観察できなかったが、ホールには大きなテーブルが残されたままになっており、部屋の端に椅子が積み重ねてある。

一番奥は衝立越しにテーブルの上に何かが載っているのが見える。ここまでは昨夜の記憶と一致している。ただ、その一番奥のテーブルの脇で、弘樹が奇声を上げている。

懐中電灯が足元に転がって、光がこちらを向いているので、逆光で見づらくて仕方がない。

「これチーズナンですよね！」

「これチーズですよ。めちゃくちゃ美味いから食べないと！」

独り言にしては、あまりにも声が大きい。

あいつは何を言ってるのだ。

確かに香ばしい匂いはしているが、食べられるようなものがあるはずがない。

「美味しいですよ！　こっちに来て先輩も食べないと！」

懐中電灯を向けたことで、こちらに気付いたのだろう。声を掛けてきた。

「おい大丈夫か」

懐中電灯を握り、慎重に奥のテーブルに近づいていく。衝立の向こう側に置かれたテーブルの上には、巨大なナンが置かれていた。そのナンは四つに切り分けられている。素手でそこから掬《すく》い上げたのか、糸を引いたチーズが、弘樹の口元まで伸びている。

それを見た大輔は叫び声を上げた。

「ダメだ！　お前何やってんだ！」

テーブルの脇に駆け寄り、弘樹の手を引く。しかし、彼はその場を離れようとしない。

「落ち着けよ！　廃墟だぞここ。ここにあるものなんて食えっこないだろ！」

「いや、本当に美味しいんですよ。先輩も食べてみたら分かりますよ。あのインド人は確かに嘘を吐かなかったんですよ！」

「ふざけんな！」

声を荒らげても、弘樹は堪えないようで、指先にチーズを絡めて口に運ぼうとする。

「やめろ！」

大輔は弘樹をテーブルから引き剥がし、引きずるようにしてホールを横断し、調理場に戻った。

その頃には弘樹は渋々といった様子で大輔の後ろを歩き始めた。

車に戻り、助手席に座らせる。

エンジンを掛けて廃墟を後にした。

「マジですげぇ美味かったんですよ。先輩、何で食べなかったんですか」

その質問には答えず、車を走らせる。少し走った後でコンビニの駐車場に車を入れた。

ホットの缶コーヒーを買い、弘樹に持たせた。そこまで大輔は言葉を発することができなかった。

「ちゃんともっと食べてから来ればよかったなぁ。先輩も食べればよかったじゃないですか。勿体ないですよ」

まだ正気に戻っていない。

「――お前さ、あの廃墟のこと、インド人に教えてもらったって言ったよな」

頭の中がぐるぐるして、何から訊けばいいのか分からない。

「そうですよ。インド人から教えてもらったんです。美味いチーズナンを出す店があるからって」

「待てよ。お前昨日、あの廃墟は心霊スポットで、ターバン巻いたインド人の幽霊が出るって言ってただろ！」

「そうですよ。御馳走してくれるって」

話にならない。

「もう一度よく考えろよ。あそこは廃墟だよな」

「でも、美味そうな匂いしてたでしょう？　食べてみたら、すげぇ美味いチーズだったんですよ」

ダメだ。目の焦点が合っていない。

自分に何ができるだろう。

大輔は車で弘樹のアパートに横付けした。弘樹は、送ってもらっちゃって、どうもありがとうございましたと礼を言った。

「あのさ」

大輔は、思いつめたような口調で弘樹に声を掛けた。

「明日一度、日のあるうちにあの廃墟に行ってくるよ。何か夜行くとおかしいからさ。それで、あのテーブルの上に本当にチーズナンがあるのか、確認するよ。お前も一緒に行くか？」

そう訊ねると、弘樹は首を振った。

「あそこは夜に行くものですよ。だから俺はパスで」

「そうか。それなら一人で行ってくるわ。お前は家から出るなよ。何かあったら家の電話に連絡するから、絶対家から出るなよ」

「大丈夫ですよ。でも、もし寝ちゃってたらすいません」


昼間に一人で訪れることができるというのは、幸いだった。

大輔は内心胸を撫で下ろしていた。

弘樹が行くと言っていた場合、一人では手が足りなかった可能性が高い。その場合には、監視役として別の伝手から同行者を募る予定でいたのだ。

そうだな。昼間に行くなら、ビデオカメラを用意するか。

不法侵入の証拠になってしまうが、証拠写真と動画を撮っておきたい気持ちはある。


陽射しの中の廃墟に侵入する。内部に陽射しが入り込まない場合を考えて、懐中電灯は夜間と同様に二本差しだ。

ビデオカメラを構えながらバックヤードに入り、調理場へと抜ける。ホールは窓からの光が回って薄ぼんやりと明るかった。

夜に鼻に届いていた、香ばしい香りは感じられない。

目指すは奥のテーブルだ。念のために懐中電灯で照らしながら進んでいく。

衝立の上から覗き込むと、テーブルの上に白っぽいものがあった。

チーズナンが置かれていたはずのそこにあったのは、腐敗した男の死体だった。低温だからなのか、特に嫌な臭いも感じられない。

頭が真っ白になる。

想定外なことが起きると、人は思考を放棄するらしい。

だが数秒経って、大輔は手に持っているビデオカメラの重さで、我に返った。

——これビデオに映してもいいものじゃないよな。

そこから色々な考えが、一気に押し寄せる。

昨夜の弘樹は、何を口に運んでいた？

「先輩も食べないと！」

そう言って、指先で掬って食べていたのが、これ——。

大輔は、その場で嘔吐した。

まさか。

まさかこんなことがあっていいものだろうか。

あいつには報告できないだろ、こんなこと。

考えがとめどなくぐるぐると回るばかりで、結論にまで辿り着かない。

お前が食っていたものは――。

そんなことを言える訳がない。

逃げたかった。

自分は何も見なかった、知らなかった。できればそうして日常に戻りたかった。

だが、廃墟で死体を発見してしまった以上、警察に届けなくてはならない。自分が第一発見者だからだ。携帯電話で警察に通報すると、暫く待たされたが、パトカーがやってきた。

警察からは、不法侵入と注意を受けた。

友達からお化けが出るという噂を聞いたので、好奇心で入ってしまったと謝ると、特にそれ以上は追求されなかった。

検死をしてみないと分からないが、浮浪者が入り込んでいたのが、亡くなったのだろうという見解だった。

結局、警察とのやり取りもあり、弘樹に連絡できずに丸一日経ってしまった。

何て伝えるのが良いだろう。

廃墟に近づけないために、警察がまだ調査しているかもしれないと伝えるのはいい案かもしれない。

少なくとも、暫くの間は行かないということをはっきり告げたほうが良いだろう。

大輔は弘樹の家の電話に連絡を入れた。

だが、呼び出し音が繰り返し鳴っても、彼は受話器を取らなかった。

寝ているのか食事に出ているのか、それとも風呂にでも入っているのか。

留守番電話に切り替わったので、メッセージを吹き込む。

どちらにしろ、明日になれば大学に出てくるだろう。そのときに伝えれば良い。


だが、それから弘樹は大学に出てこなくなった。早めに冬季休業ということにしたのだろうと考えていたが、携帯電話に連絡しても、すぐに留守番電話に切り替わってしまうし、アパートを訪れても、ずっと留守のままだ。

彼と同期の友人達に訊ねても、最近は連絡を取っていないと言われてしまった。

年末、弘樹のお気に入りの廃墟にも探しに出かけた。

それでも見つからない。

実家に帰省しているのだろうかとも思ったが、彼の実家の連絡先は知らない。

連絡が取れないまま、一カ月経った。もう大学は試験期間が始まっている。それでもとうとう連絡が取れないまま二月になってしまった。


三月になろうという頃に、大輔の携帯電話に、弘樹から着信があった。

名前を呼んだが、弘樹はそれにには反応しなかった。ただ、トランシーバーのような雑音混じりの声で、一言残して、電話は切れた。

「チーズナン、とっても美味しいですよ」

それ以来、何度彼の携帯に電話を掛けても連絡は付かない。

それもあるとき、その携帯番号も、電話番号が使われていないというメッセージに切り替わった。


大輔は、今でも弘樹が何故失踪したのか、彼に廃墟のことを教えたインド人とは何者だったのだろうかと、色々と考えるという。

「あと、どうしても許せないことがありまして――」

彼は顔を歪めた。

「二日目の夜に行ったときに、俺にも切り口からチーズが溢れ出ている、熱々の美味しそうなナンが、テーブルに載っかっているように見えたんです。どうして俺にもそう見えたのか、幾ら考えても分からないんです」

かつていた人

私が中学一年生くらいの頃に、お母さんが変な形で死んじゃったんです。

死んじゃったというか、連れていかれちゃったというか。

何年前でしょうかねえ。古いことなんで、もう私もあまり言いませんけどね。

言ったところで信じてくれる人も少なくて。

でも、あなたは信じてくれるって言った。だから思い出すのも苦しいのだけど、お話しします――。

そう前置きして、明日香さんは、当時家族が経験したことを教えてくれた。


記憶にある限り、彼女の母親はずっと癌で闘病していた。

小学校の行事に来てくれた記憶もほぼない。

そして明日香さんが中学に上がるのに前後して、彼女の母親は、ある病院に入院した。

まだ五十代の半ばだったが、病状は一進一退で、入院は何カ月になるか分からないとのことだった。

場合によっては、回復することもなく、最期まで病院から出てこられないことだって覚悟していた。

明日香さんもお父さんも、よく病院にお見舞いに行った。

入院してひと月ほど経った頃に、母親が病室での不思議な体験を話してくれた。

彼女のベッドがあるのは、六人部屋だった。差額ベッド代を払えば個室に移ることもできるが、個室だと今後のことを色々と考えてしまうというので、あえて大部屋を選んでいた。

その夜はなかなか寝付くことができなかったという。消灯時間はとっくに過ぎており、どうやら他の人たちは皆寝ているようだ。カーテンの引かれた周囲のベッドからは寝息も聞こえる。

その中で母親は一人起きていた。明確な理由がある訳ではない。ただ目を瞑り、眠れないままに色々なことを考えていると、それだけで数時間経ってしまったのだ。そのとき壁が扉を何度か激しく叩かれた。続いてガチャリと扉が開く音がした。

病室には扉がない。何処から音が聞こえたのだろうと考えていると、今度は自分のベッドの周りをぐるりと囲っているカーテンがいきなりガバリと大きく開かれる気配があった。

医者も看護師もこんな不躾なことはしない。中で着替えていたり汗を拭いていることだってあり得るではないか。

しかし——そもそもこんな時間に誰がきたのかしら。看護師さんならいいのだけれど。

怖かったが、薄目を開ける。病院着を着た六十絡みの老女が立っている。

——この人は認知症で病院内を徘徊しているのかもしれない。

怖い怖いと思いながらも、一方で自分なりに何とか納得できる理由を捻り出そうとした結果が、徘徊老人という解釈だった。

「ちょっと」

見ず知らずの老女が自分のことを見下ろしている。相手はこちらが起きていると確信しているようだ。

「助けてください」

無視していると、何度も助けてくださいと繰り返した。

このままでは埒が明かない。一方でどうしていいかも分からない。ただ怖い。

さっきから、結構な大きさな声で助けてくださいと繰り返しているけれど、周囲の人は熟睡してしまっているのだろうか。

誰一人起きる様子がない。真っ先に気付きそうな斜め前のベッドの川崎さんも、すぐ隣の安藤さんも、寝息を立てているだけだ。

電気も点いていない真っ暗な中で、ただひたすら繰り返される助けてくださいの声。

もしや、これは自分にしか聞こえていないのではないか。

そう考えてますます怖くなる。とにかく自分ではどうにもできないので、ナースコールのボタンを押した。

廊下を看護師が走ってくる音がした。それを聞きつけたのか、老女は姿を消した。

「どうされました？」

看護師が姿を見せた。

「あの、お婆さんみたいなのが、助けてくださいってきたんです」

「そんな人、何処にもいないじゃないですか。気のせいですよ。夢でも見たんじゃないですか」

先ほど見た老女の容姿を説明したが、あまり取り合ってももらえなかった。

「うちに入院されている方で、そういう容姿の方はいないですよ」

そこまで大きな病院ではない。長く入院していれば、同じように入院している人のことは大体分かる。

そこまで見覚えのないという人が混じるほうがおかしい。

「――そんなことがあったのよ。気持ち悪いでしょう」

母親の話している内容は、確かに夢のようにも思えた。入院しているという状況と、病気への不安が、そんな夢を見せたのだろうと父親は母親のことを慰めた。

父親からそう諭されると、確かに昼間にはそんな人を見た覚えがないのだけどと、母親はまだ納得のいかない様子だったが、日々の検査や治療で忙殺され、その時点では、それ以上話が続くことはなかった。


事態が変わったのは、それから半月ほど経ってからだ。

また深夜に扉が激しく叩かれる音がした。うつらうつらしていたところが、その音で目が覚めてしまった。今何時かしらと時計に目をやると夜中の三時を回っている。

――前回も同じくらいの時間だったかしら。

やはりガチャリと扉の開く音がして、カーテンが開けられた。

いつぞやの老女が姿を現した。

「助けてください！」

懇願は何度も繰り返された。

先日はナースコールを押したら逃げてしまった。

だからこの女性が誰なのか、結局謎のままに終わってしまった。

相変わらず助けてくださいと何度も繰り返す老女に向かって、恐々と確認する。

「あなた、何処の病室の方ですか」

そうすると助けてくださいと繰り返していた老女は、キョトンとした顔でこちらを見て、言葉を続けた。

「私は六階の６０２号室に入院している柊子という者です」

よかった。話が通じる。だが、その人の名前は知らない。６０２号室という病室名も聞き覚えがない。

「私も入院しているだけなので、お手伝いできるかどうか分かりませんのよ」

そう告げた後で、何で助けてほしいのか説明してくださいなと老女に促した。

老女は、もうずっとこの病院に入院をしているのだと切り出した。

「ここでは治らないんですよ。だから夜になると怖くて怖くて――」

病が治らないかもしれないという不安はとてもよく分かる。しかし、それは誰か赤の他人が簡単に助けられるものではない。

だから、突き放すような物言いになってしまうけれど――。

「自分も長く病気と関わってきたから、その不安は分かりますが、夜に私のところに来ても、何もしてあげられないんですよ。見ず知らずの人にそんなことを言われてもね。だって、私はお医者さんでも何でもないんですから。だから、明るくなったら、ちゃんとお医者さんに伝えてくださいね。私も同じような病気で、検査やら何やら色々あるから、疲れているし眠りたいんですよ」

そこまで一気に伝えると、柊子さんは再びキョトンとした顔を見せ、頭を下げた。

「そうですね。大変だ。分かりました。おやすみなさいね」

彼女は素直にそう言うと、カーテンを閉めた。扉の閉まるガチャっという音がした。

あるはずのない入り口のドアの音が気になったが、もう今夜は安眠妨害されずに済みそうだ。

柊子さん。六階にある602号室に入院している自分と同じ病気の人――。

もう一度確認するように復唱して、その夜は眠りに就いた。

翌朝起きて、まず昨晩起きたことを思い返す。

病室も名前も覚えている。大丈夫だ。

「あのね、昨晩のことなんだけど」

同じ病室の人に声を掛ける。同室の人は、全員闘病仲間みたいなもので、毎朝朝食前に、昨日起きた色々なことを情報交換することが習慣になっている。

「夜中の三時くらいに、あたしよりも一回りくらい上の女性の患者さんが部屋に来たんだけど、皆さん気付きました？」

そう訊ねてみたが、全員気が付かずに寝ていたという返事だった。

あんなに大きな音でノックされたのに。

斜め前のベッドに腰掛けた川崎さんが、「夢でも見ていたんじゃないの」と茶化すように言った。

「夢なんて見てないですよ。名前も覚えているし、六階の部屋に入院している柊子さんって言ってたんです」

「なら看護師さんに聞いてみれば良いのじゃないかしら」

隣のベッドの安藤さんがそう言ってくれた。

安藤さんとはちょうど一回り違う。おっとりした口調は育ちの良さを感じさせる。

彼女も同じ病気だ。病気は人を選ばない。

早速看護師さんが巡回にきたので、訊ねることにした。

「あのね看護師さん。変なことを聞くようだけど、ここの病院って六階に入院できる部屋ってありますか」

「ここは五階までですよ」

だが、確かエレベーターは六階まであったはずだ。

「エレベーターは六階までありますよね」

「ええ。建屋はありますけど、病室としては使っていませんよ。備品の倉庫とか、そういうことに使っていますので、診察室も病室も六階にはありませんね」

「あら、そうなんですか」

驚いた声を上げると、看護師さんは不思議そうな顔をした。

「それがどうかしたんですか？」

「あの——実はね」

昨晩起きたことを伝える。

「昨日の夜も、柊子さんって方が私のところに来たんですよ。この方、以前もナースコールをしてお話ししたと思うけど、また午前三時頃に訪ねてきたんです。カーテンを開けてね。助けてくださいってしきりに言うんですよ。病気で不安がっているように思ったので、明日お医者さんに話をしたらどうですか、というようなことを伝えたんです。その方が六階の602号室にずっと入院されてるって話だったので――」

話を聞いている看護師さんの顔が、ばつの悪そうな表情に変わった。

彼女は耳元に口を寄せると、小さな声で言った。

「その話、誰にも言わないでくださいね。それじゃ失礼します」

看護師さんは早足で病室を出ていった。

「行っちゃったわねぇ」

じっと様子を見ていた安藤さんが声を掛けてくれた。

「さっき耳元で、ちょっと耳打ちされたみたいだけど、どうなさったの？　昨晩のことは解決されたの？」

「何も解決していないんですけど、良いのかな――誰にも言うなって言われました」

「あらまぁ。気持ち悪いわねぇ。あたしも入院生活長いけど、六階に入院している方がいるっていうのは初めて聞きましたよ」

安藤さんは眉間に皺を寄せた。

「あんたが見たのって、もしかしたら幽霊か何かじゃないの？」

これは川崎さんだ。

「幽霊って、ノックして入ってくるかしら」

「でも、そもそも病院で幽霊が出るんだとしたら、それってすごく怖いことじゃない」

皆、笑顔で言い合っている。だが、内心で不安に思うところがあるのだろう。

「怖い怖い」

「ね。怖いね」

皆、病気で気弱にもなっているのだ。

幽霊が出るということは、病気が治らずに、家にも帰ることができず亡くなったということだ。

全員が自分の身にそれを重ねて考えてしまう。

無論自分もそうだ。

看護師が他の人に言うなと耳打ちした意味が分かる。

幽霊は死を想起させるからだ。

病院で家族と離れたまま死んで、未練を残したままの存在が幽霊だ。

そうだ。怖いのだ。

入院したまま死んでしまって家にも帰れない人が、夜中に自分のところを訪れるなんて、とんでもない。思い出しても怖気《おぞけ》がする。

※　※　※

そう言った。

父親と明日香さんとでお母さんのお見舞いに行くと、お母さんは開口一番きっぱりとそう言った。

「お父さん、私この病院にいたくないわ」

切り出されたお父さんは戸惑っているようだった。

明日香さんと一緒に、ティッシュボックスや手提げ付きのビニール袋、他にも色々と頼まれた日用品を買ってきたところだ。

「――確かに入院生活は不便だろうと思うよ。でも自宅に戻ってもどうにでもなる病気じゃないし、お医者さんだって困るだろう。病気が治れば帰れるんだから我慢しなさいな」

父親のどんな説得にも、母親は首を縦に振らなかった。

「でもどうしても、どうしても帰りたいの。今すぐに帰りたいの。ここで死んじゃうって思ったら、もうダメなの」

母親は子供のように泣きじゃくった。明日香さんにとっても、母親がこんなに気弱になっている姿を見るのは初めてで、少なからず衝撃を受けたという。

どうしても家に帰りたいと言う母親に、父親はそこまで言うならと先生に相談することに決めたらしい。母親には、〈今日は帰れないけど、それは我慢しなさい〉と告げた。

母親は何も言わずに何度も頷いた。


母親が病院にいたくないと父親に告げてから一週間経った。

父親が母親とともに主治医に相談したところ、主治医のほうでも、今は症状が安定しているので、入院にこだわることはないですよと言ってくれたらしい。

「いきなり症状が悪化するものでもないから、通院に変えてみましょうかって言われてね。ただ、経過を見ながらだから、定期的に通院する必要があるのと、何かあったらすぐに再入院だ」

父親はそう言って、お前にも苦労を掛けるなと明日香さんに向かって言った。

病人を家で介護するということは、それだけ家族の負担が大きくなるということだ。父親は、明日香さんに負担が大きく掛かるのではないかと心配しているようだった。

「大丈夫だよ。お母さんがいたほうが嬉しいし、私も頑張るから」

明日香さんは父親にそう伝えた。

母親が以前と同じように家にいるのが嬉しかったこともある。

主治医によれば、家で生活できる程度には体力も回復しているし、強い痛みも特にないらしい。食べるものにも制限はないというのも有り難かった。

「お父さんありがとうね。私、家にいたほうがずっと良いから。——あの病院は嫌だわ」

帰りの車の中で、母親は笑顔を見せた。


母親が帰宅して、家族三人の生活が再開して何日か経った。

昼間は普通に過ごしているのだが、夜になると母親の様子が少しおかしい。

明日香さんが夜中にトイレに行くために両親の寝室の前を通ると、母親が夜中に誰かと話をしている。

最初は父親と話をしているのかと考えていたが、数日すると、どうやらそうではなさそうだと気付いた。何故なら、父親と話すときと口調が違うのだ。まるで近所のおばさんと世間話でもしているような口調だった。

しかも、お母さんの声しか聞こえない。一人でずっと相槌を打っている。

一体何をしているのか訊いてみなくては。

明日香さんはそう考えて、土曜日のお昼にお母さんとテレビを見ながらその話をした。

「お母さん、夜中にずっと話をしているみたいだけど、あれってお父さんと話をしているの？」

「違うよ。夜になると、友達のおばさんが来るんだよ」

「夜に？　何で来るの？　誰？」

「ああ、あなたには言ってなかったけど、病院で仲良くなったおばさんだよ。お母さんと同じ病気でね。だから色々と話をしているんだ」

さも当然のことのように母親は言ったが、そもそも現実に来客がある訳ではない。お客さんだとしても、何故夜中に来るのかも分からない。

だが、母親の表情を見ると、それを指摘することは憚られた。

「そのおばさんと、どんな話をしているの？」

「お母さんと同じような病気で長患いしていてね、病院にいても全然治らないから、助けてほしいって言ってるんだよね」

——お母さんはお医者さんじゃないのに、何で助けてもらえると思うんだろう。

明日香さんにとっては不思議に思うことばかりだ。

「勿論、病気のことなんてお母さんは何も知らないんだけど、おばさんにそういう話をしても、話を聞いてくれるから来るんだとしか言わないんだよね」

お母さんは、その人が部屋に来るのは別段構わないのだと、当然のように考えているらしい。

「――ただ、そのおばさんは、いつも部屋に来てから十五分くらいで消えちゃうんだよね。そうしたらお母さんも急に眠くなって、すぐに寝ちゃうんだよ」

説明をしている間、母親はずっとにこにこしている。嘘を吐いているというのではないようだ。きっと彼女の中では辻褄の合った出来事なのだろう。

客観的に見ると、母親が支離滅裂なことを言っているのは理解できた。それよりも、母親が置かれている状況が怖い。

以前、病院で聞いた、お婆さんが夜中にベッドに助けを求めに来たという話が続いているということではないか。

何処までが現実なのか、それとも全てが母親の妄想なのかは分からない。ただ、放っておいて良いとはどうしても思えなかった。そこで明日香さんは、翌日、母親が近所に買い物へと出かけた隙に父親に相談をすることにした。

「お父さん、ちょっといい？」

「どうした」

「お母さんが変な病気になっているかもしれない」

昨日、母親と昼間に交わした会話を父親に打ち明けると、父親も、自分の妻が誰かと会話をしているのは知っていた。

同じ部屋にいるのだから、当然のことだろう。ただ父親自身は、独り言を言っているのだろうと考えていた。長い入院生活で、他人と会話することが少なくなってしまったから、独り言を口に出しているのだろう。最初はそう考えていたらしい。

ただ、最近はおかしいと感じることが多いと、父親は言った。

「俺には、あいつが誰かと喋っている、その誰かの声も聞こえるんだ」

父親は首を捻りながら、そう打ち明けた。

ある日を境に、相手の声も聞こえるようになった。

最初は一人二役をやっているのだろうと考えていた。だが、それにしては違和感がある。

何がおかしいのだろう。

そう疑って話を聞いていると、妻が笑っているときに、何か話している。

普通、笑っている間に言葉を発することはできない。

おかしい。

「だから、お父さんも、ちょっと不思議に思っていて、どうしたら良いのか分からないんだよ」

父親は頭を振った。

話し合った結果、母親は病気が怖くて、何か精神病のようなものになってしまっているのではないか。

そうなると、精神科の病院に連れていく必要があるだろう。病状を詳しく説明するためにも、訊ねてくるおばさんとやらが、どのような人物なのかを知っておかねばならない。できるなら記録しておいて、医者にも聞かせたほうがいいだろう。

父親が、母親の前で以前した質問を繰り返す。彼の内ポケットにはボイスレコーダーが収められており、会話を録音中だ。

「昨晩も夜中に誰かと話していたみたいだけど、あれは誰なんだい」

「病院にいるときに知り合った、六階の６０２号室の柊子さんですよ」

「ああ、名前は聞いたことがある。どんな格好をしてるんだい」

「そうね。私より背が低くて腰が曲がってて、頭は真っ白な白髪頭。いつも病院の診察着を着てるから、そろそろ寒いんじゃないかって思ってるんだけど、大丈夫なのかしらね——」

勿論、この会話は側から聞いていると支離滅裂だ。母親は友達の話でもしているように、終始にこにこしている。

しかし最近では、父親も明日香さんも、単なる母親の妄想というよりも、根が深いものだろうと考えている。

何故なら、深夜に彼女が話を始めると、そこに誰かがいるような気配が伝わってくるようになっているからだ。これは二人とも共通して感じることだ。

さらに、父親は柊子さんとやらの声を聞くこともできる。

寝床の横に座って、畳が立てる音や、衣擦れの音も聞こえている。

明日香さんからすると、お母さんとお父さん以外に、もう一人、透明な何者かが確実にそこにいるという実感がある。

父親にとってもそれは同様だ。夜は夫婦で同じ部屋で横になっている。すると深夜に、不意に会話が始まる。妻と誰かとのやり取りが聞こえる。

相手も妻も笑い合っている。

そちらの方向を見なければ、確実にそこに人がいて談笑しているとしか思えない状況だ。

こうなると、果たして誰がおかしいのか分からない。

こうして家族は、母親が入院や闘病生活で、精神を病んでしまったのかと考えていたが、いざ精神科の病院に行こうというと、本人は心の病気などではないと言い張った。

「私が患っているのは、癌だけで、精神科なんかには行かないですよ」

そう主張して、押し問答のようになった。

これに対して、父親は、絶対に行かないという人間を、無理やり連れていくのもどうかと結論を出したようだった。

何故なら、それが原因で、今すぐ死にそうになっているとか、衰弱しているとか、本人が困っているという話ではないからだ。

特に昼間は元気なのだ。幸いなことに普通に生活を送ることができている。

通院での検査の結果も悪くない。

むしろ夜中の独り言が、本来の闘病生活の副産物のようなものだとしたら、下手な介入で、本人の生きる力を削ぐのは良くないのではないか——。

そう一旦結論づけて、様子を見ようと決めたらしい。

それなら幾ら気持ち悪いと思っても、明日香さんは反対することができない。

だがそれから何カ月か経ち、年末が近づいてきた。世の中は次第に慌ただしくなってきている。明日香さんもそろそろ冬休みだ。

そういえば、母親が闘病生活に入ってから、まともにクリスマスを祝ったりといったこともない。今年も特に何かする予定もない。穏やかに過ごせればそれでよかった。

その夜は、父親はたまたま夜勤で家を空けていた。

父親不在の自宅で、母親が大声でわめき、絶叫を上げた。

それを聞きつけた明日香さんは母親の寝ている部屋へと走った。

何か症状が悪化したのか、痛みが出たのか。心配なことは山ほどある。

何かに恐怖して大声を上げる母親に声を掛け、電気を点ける。

「明日香ちゃん！　柊子さんが、柊子さんが！　柊子さんが、帰ってくれないの！」

普段なら十五分で帰るのだと母親は言っていたではないか。

「いつもは何も言わなくても消えちゃうのに、今でもずっといるの」

母親を宥めて話を訊くと、柊子さんは、最近では「助けてください」とは言わなくなったのだと、打ち明けてくれた。

「代わりにね、一緒に死んでくれんかねって言うようになったのよ。私は死にたくないから、真っ平御免ですって言ったの。そうしたら怒って帰ってくれなくなっちゃったのよ。今でもそこにいるでしょ。そこにいて、ずっとこっちを睨んでいるでしょう！」

母親には老女の姿が見えているようだ。

一方、明日香さんには、その老女の姿は見えない。だが、ただならぬ気配は感じる。

透明な人間が部屋の隅にいる。そこに立って、こちらを睨みつけている。

「――お母さん、部屋を変えようよ。ここの部屋、誰かいるもの」

そう言うと、母親も頷き、一旦居間に移動することにした。

母親は落ち着いたようだったが、寝室では寝られそうになかったので、明日香さんの部屋に移動させた。

明日香さんは、夜中に起きたことを父親に報告するために、朝まで起きていた。

帰宅した父親に報告すると、いよいよまずい状態になったと判断したようだ。

早々に病院に連れていかないといけない。

だが、本人はなかなか言うことを聞かないだろう。

何が正解なのか、まるで分からない。

※　※　※

明日香さんは、その日が二学期の終業式だった。

昨晩のことがあって寝不足だ。

そんな中でも無事に終業式を終え、昼前に学校から帰ってきた。

一度両親の寝室を確認しに向かう。

そこで急に目眩がして倒れた。倒れる直前に、彼女は信じられないものを見た。

未だにそれが現実かは判断が付かないという。

彼女が見たものは、白髪で、腰の曲がった老女が、普段母親の寝ている枕元の辺りに立っているという映像だった。

布団は敷いていない。だから、今は寝てもいない母親の顔を、老女はじっと覗き込んでいた。

ああこれが、これが柊子さんか——。

老女は襖を開けた明日香さんに気付いたように、顔をこちらに向けて口を開いた。

「お母さんを連れていくよ」

老女はそう言い残して消えた。

明日香さんはその言葉を聞いて、絶望のあまり意識を失ったのだと考えている。


年の瀬の本当に押し迫った頃に、父親が母親を連れて精神科に行った。

しかし、どうやら軽めの睡眠薬を出されて帰されたらしい。

特に昼間には問題がなく、夜におかしなことをするのならば、薬で眠らせてしまえば良いだろうという感じだったようだ。まだ重篤でもなく、入院するような状態ではないから、これでまずは様子を見てください、ということだろう。

睡眠薬を飲むようになった母親は、幸いなことに、夜中に柊子さんから悩まされることはなくなったようだ。

「最近は柊子さんも出てこなくなったのよ」

「夜に眠れているから、いい方向に行っているかもしれないね」

両親のそんな会話を聞いて、明日香さんもホッとした。

だが、それは油断だったのだろうと今でも後悔している。


その会話のあった次の明け方のことだ。

誰にも気付かれずに家から出た母親が、街道で車に跳ねられたという連絡が入った。

一月。まだ松も明けていない極寒の早朝に、彼女は寝巻き一枚で彷徨っていた。

遺体となった母親は、娘の明日香さんから見ても、前日までの彼女ではないように思えた。

髪の毛の一部がごっそりと白髪になっている。昨日まではそんなことはなかったのに。

表情も、先日寝室で見た、柊子さんそっくりだ。

まるで別人になってしまったような——。

父親も同じ印象だったようだ。

葬儀も終わって少し落ち着きを取り戻した頃に、父親と明日香さんで、以前入院していた病院へと、交通事故で母親が亡くなったことを報告しに行った。

そのとき、主治医に柊子という人物について心当たりがあるかと訊ねた。

主治医は、くれぐれも内密にと前置きして、その人のことを教えてくれた。

以前入院していた病院に、かつて長らく入院していた人だという。

「以前この病院に入院していた人が、何故か奥様には見えてしまっていたようです。私達も、何故奥様がその人のことを御存じなのかは存じ上げないんですが、それ以降、情緒が不安定になってしまったようだと考えています」

急に何故そんなことになったのかは、病院側でも分かりません。

ただ、ここからは私見なんですが——。

何か死者と奥様とで、波長が合うようなことがあったのかもしれません。

信じ難い話ではありますが。

主治医はそう告げると、深々と顔を伏せた。

数珠の主

「俺の知り合いに池谷っていう奴がいて、こいつの周辺では色々とおかしなことが起きるんですよ」

舘さんはそう前置きして話し始めた。

「ちょっと長くなりますよ。だってもう何十年にも亘って起きてることですから。その池谷って男は、中学のときから知ってますけど碌な奴じゃなくてね――まぁいいから聞いてくださいよ。そいつはあるときから腕に数珠を巻き始めたんですよ――」

彼が午後一杯掛けて話してくれたのは、舘さん自身と、その池谷という男の半生だった。

※　※　※

池谷は子供の頃から勉強が嫌いだった。中学の半ばから学校もあまり行かなくなった。

将来のことを考えるとどうしていいか分からない。ただこれ以上勉強したい訳ではない。

頭よりは身体を使うほうがいい。

ふつふつとしたやり場のない感情が身体を満たしていた。いつでもイライラして落ち着かない。これは焦りだろうか。怒りだろうか。何をして発散すればいいのか分からない。学校にも行かずに喧嘩やカツアゲ、バイクを盗んでの暴走行為を繰り返した。世間では自分のようなものを非行少年とか不良少年というのは知っている。

どうとでも呼べばいい。素行が悪いのは確かだ。


中学三年生の三月。池谷は卒業式に出られなかった。卒業式に参加するには服装が認められないとのことだった。精一杯ハクを付けたつもりだったが、教師達には通じなかった。卒業証書は後に呼び出された生徒指導室で担任から受け取った。

これからどうするのかと訊ねる担任には、働くとだけ告げた。

素行の悪さに家族も池谷を見放していた。

「俺達も義務教育までは面倒見たけどな、正直もうお前の責任を持ちたくないんだ」

父親からそう言われた。そう言われるだけのことをしてきたことは分かっていた。母親を何度泣かせたか分からない。

「お前の人生だ。自分で働いて暮らしていけ」

池谷は中卒で働き始めた。しかし自分にはどんな仕事ができるか分からなかった。文章は読むのも書くのも苦手だ。ややこしい計算もできないし、したくもない。幸い身体は丈夫だった。この身体一つで働くしか思いつかなかった。

一日も早く自分一人で生きていくためにと、池谷はアルバイト情報誌を片手に仕事を探し、道路工事やライン引き助手といった日雇いの土木作業に従事した。幸いなことに当時は日当が良かった。中学卒業したての十五歳でも、月に二十五万は貰えた。その金で木造平屋の古い貸家を借りた。

誰にも頼らない。一人で生きていく。群れたくなかった。


春が過ぎ夏が過ぎ、その年の秋のことだ。

池谷の同期の多くは高校に進学していた。その中の一人に舘という男がいた。

夏休みを過ぎた頃には、同じ高校の同級生と親しくなると同時に、中学の友達とは疎遠になっていく。同級生だった舘も池谷のことを忘れかけていた。

「昨日さ、駅前で池谷見たんだよ」

グループの一人が珍しい名前を口にした。

「池谷って、あの札付きの池谷か」

舘も不良少年だったが、池谷は何処か違っていた。捨て鉢と言えばいいのか、自暴自棄と言えばいいのか、とにかく他人も自分も許せないといった思いつめたような雰囲気を纏っていた。

「駅前の一杯飲み屋あるだろ。あそこで酒飲んでたぜ」

「一人でか」

「一人だった」

無論十五、六歳の少年である。店側も分かって酒を出しているのだろう。もしかたら池谷の素性を知っているからこそ酒を出しているとも考えられる。

「ちょっと会いに行くか」

舘は放課後にグループの面々と池谷のいた駅前に足を伸ばした。

四人でゲームセンターや喫茶店、飲み屋などを覗いて回った。一本裏に入った目立たないゲーム喫茶で池谷を見つけた。表向きはゲーム喫茶だが、その実はギャンブル喫茶だ。

「池谷、久しぶりじゃねぇか」

「おう。何だお前らか。久しぶりだな」

ひとしきり近況を話した後で、池谷は思いついたように言った。

「そうだな、明日も俺は休みだからうちに遊びにくるか。酒とかつまみとか持ち込んでくれてもいいぜ」

少し離れた駅の近くに独りで住んでいるんだと言った。十五歳で一人暮らしだという。仲間の三人はバイクに乗っている。自転車しか持っていない奴もいて、牽引してもらいながら指定された駅を目指した。

汚い平屋の家が六軒並んでいた。そのうちの一軒が池谷の家だという。

五人でその家に上がり込み、旧交を温めた。

この半年どうしていたか、高校での生活はどうかといった話である。そんな話をしながら池谷はがぶがぶと酒を呷《あお》り、煙草を吹かしている。同い年とは思えなかった。

気付くと池谷は泥酔していた。

グループの四人のうち二人が顔を見合わせた。

「九時回ったから、そろそろ俺達は帰ろうか」

そう言うと、そそくさと出ていった。少し遅れてそこから更に一人が離脱した。

彼らからすると、池谷の姿はあまりにも自分達の住む世界とかけ離れすぎて、もう関わりたくないものだったのだろう。

一人残されたのは舘だった。仕方なく池谷と舘の二人で酒を酌み交わしていると、池谷が明日学校行かなくてもいいじゃんとデタラメなことを言い出した。

「最近、雨続いてるだろ。だから俺は今日明日と仕事ができないんだわ。で、今夜はお前ら呼んだんだ。昨日も一杯飲みながら遊んでいたところを見つかったんだな。まぁ舘は泊まっていけよ」

舘も機を見計らって帰ろうと思っていたが、先制された形になってしまった。

確かに酒も飲んでしまったし、バイクには乗れそうになかった。

仕方がないので泊まっていくことにした。

だがそうは言っても、舘は枕が変わると寝られないのだ。そこで柱に寄りかかりながらあぐらをかいてうつらうつらしていた。

気が付くと、八畳間の居間はテレビが点けっぱなしだ。家主はテレビのほうを向いて横になり、いびきをかいて寝ている。ちゃぶ台にはおつまみが散らばっていた。

舘はテレビを消して寝直すことにした。

そのとき、屋外から砂利を踏みしめる音がした。

池谷は深酒して寝ているから起きない。

借家の敷地には、腰ほどの高さの壁がぐるりと回してある。その壁の内側には防犯用の砂利が敷かれている。

誰かが敷地に入ってきた。他の貸家の住人が帰ってきたのか。

舘は目を瞑ったまま聞いていた。

ドアの音がするんだろうと思っていたが、じゃりじゃりという足音はずっと行ったり来たりを繰り返す。

まどろみながら、変な人もいるものだな。物でも落としたか。そう考えている。

ザッザッザッザッ。小走りになったり歩いたり。一体何のつもりだ。

何度か意識が途切れたが、その度に足音で起こされる。

舘は根負けして目を開いた。腕時計に目を落とすと一時を過ぎていた。

気持ちが悪い。

音は家の周りを一周し始めた。

——おい、この家に何の用があるんだよ。

二周目に入った。

突然閉められた雨戸を左右に揺らす音がした。引っ掻くような音もする。壁に何かを擦り付けるような音がする。

戻ってきて玄関の引き戸を乱暴に引く音。それが暫く続いた後で、裏口の取っ手を回す音。

音は止まない。時刻は二時近くになっていた。

気持ちが悪い。これだけしつこい奴は異常者に決まっている。

ここは水商売関係や与太者も多い地域だ。池谷が何かそういう奴らとトラブルでも起こしたんじゃないか。その仕返しか。いや、もしかしたら警察が内偵しているんじゃないか。

「おい池谷、お前何か悪いことしてねぇだろうな」

「うるせえなぁ。何も悪いことなんかしてねぇよ」

「外に誰かいるんだよ。ずっと家の周りを回ってるんだ」

「何処で音がするんだよ。誰もいねえよ」

池谷がそう言ったそばから、勝手口のドアノブを引く音が聞こえた。

「ほらな。勝手口のところにいるじゃねぇか」

「ねずみだろこれ。チューチュー言ってんじゃねぇか」

どうやら寝起きで音がよく聞こえていないようだった。しかし意識がはっきりすると、池谷の顔色が変わった。

「誰だコルァ!」

池谷は勝手口に走っていき、ドアを開いた。だがそこには誰もいなかった。勝手口は壁のせいで半分しか開かない。

「舘、お前右側からいけ。俺は左から行くから」

二人は玄関から飛び出すと、手分けして家の周囲を探った。壁と家屋の間は狭くカニのように横向きに歩かなくては通れない。壁のほうが後付けなのだ。

「誰もいなかったか」

「そっちもか」

勝手口の前に二人立ち、なら、あの足音とかの音は誰がやったんだよと話をしていると、ガチャガチャとノブを回す音がした。鳥肌が立った。

二人で同時に音のするほうを見た。

ドアノブは回っていなかった。だがそこからノブを回す金属音だけが聞こえる。「あれ、何で開かないんだろう?」と、戸惑い気味にガチャガチャさせて音は止まった。

「今の見たか」

「見た。音だけしたよな」

顔を見合わせて頷く。じっと見ていると、三分ほど過ぎたところで再度ノブを回す音がした。

怖い。目の前で起きていることなのにその説明が付かない。

二人でその場から立ち去ることもできずにいると、明け方の四時頃に新聞屋のスーパーカブのエンジン音が聞こえた。

ザッザッザッザッ。

防犯砂利の上をまっすぐ歩いていく音がした。カニ歩きをしなくては進めないような幅を、軽やかに進んでいく。

どんだけ細い人なんだよ。いや、これはお化けか。お化けに遭っちまったのか。

「俺、帰るわ」

舘はそのままバイクに跨り、池谷の家を後にした。以後、池谷の元には彼から連絡が来ることはなかった。

※　※　※

「早く帰るか、それともどっか遊びに行くか？　どうする？」

舘さんは、成人式の後、友人達と喫茶店で雑談をしていた。

「そういや池谷来てたな——って噂をすれば影だわ」

池谷も同じ地元の成人式に出席していた。何年も前に、彼の暮らす借家で一晩を過ごした。そのときにお化けに遭遇した——そんな話をしている現場に、本人が現れたのだ。

「おうい池谷、久しぶりだな。お前この後何か用事あるか」

「お、舘か。何もねぇよ。仕事も明日は休みにしてもらってる」

「ならこれから皆で飲みにいかねぇか」

成人式の夜だ。少しくらいは羽目を外してもいいだろう。

チェーン店の居酒屋で再会を祝した。そこでの話題も彼の借家で起きた出来事だった。

「こいつの家、きったねぇとこでさ。その上お化けが出るんだよ」

「さんざん突っ張らかっている癖に、お前お化けが怖いのかよ」

「怖かねぇよ。それで、俺が泊めてもらってるときに、こいつと体験したんだよ」

池谷が鼻を鳴らす。

「お前、族の癖にブルっちまってたよな」

「あんときは、ブルっちまって悪いね」

冗談としてやり過ごす。今日は気分がいいからだ。

「何でお化けが出るの？　原因はあるのか？」

興味津々の一人が訊いた。池谷は少し考えて、その質問に答えた。

「――いや、俺はまだその借家に住んでるんだけど、今は六棟のうち二棟にしか人が住んでないんだ。四棟は空き家ってことだ。そこにこの間、大家が来て話をしてってたんだ」

池谷は一人暮らしだが、他の面々は自分で働いて家賃を払っている訳ではない。

そういう話を聞くのも物珍しいのだろう。

「うちの借家は二年ごとに契約更新ってのをするのよ。そのときに家賃が上がったり下がったりする訳さ。そのときに、大家が俺んとこは据え置きでいいって言うんだよ。俺みたいな奴が住んでると、仲間が悪さをしているだろうしって、共用部を直すためにとかいう理由で家賃が上がったりする訳さ。家賃を上げれば、厄介者が出ていくかもしれないだろ。でも家賃が変わらなかったんだよ」

どうやら、何かあるのだろうと池谷も引っかかっていたらしい。

「その契約更新の話をした後に、もう一軒の婆さんが何故かうちに来たんだよ。それで、うちは家賃が上がったって言うから。俺のほうは据え置きでいいって言われたって答えたら、何か納得してるんだ」

池谷は泡の消えたビールジョッキを飲み干した。

「で、婆さんがさ、そうだろうねって言う訳。何でだよって訊いたら、俺の住んでいる借家じゃ、外人のホステスが死んでるって言うんだよ」

大家には事故物件という説明は一切されていなかったらしい。

「俺が住み始める七年くらい前に起きたことらしい。で、夜二時頃になると、その外人のホステスが帰ってくるんだとさ。それを舘と俺が見たって話だよ——」

池谷は、その話を聞いてから、周囲に聞き込みもしたらしい。すると、その話は一部では知られているようだった。

近隣の温泉施設で、パーティー・コンパニオンをしていた外人の女が住んでいたが、アル中で息絶えた。その女が出る——。

周囲からはそこの借家一帯がそう噂されているらしい。

「でも、彼女と一緒に住むようになってからは、とんと現れなくなったね。最近は全然変わったことは起きてねぇよ。女といるからなんか分からんけどね」

池谷は笑いながら言った。

それから先は、近況の交換になった。

「舘は最近何やってんの」

「俺か。俺は高校卒業の後、大学行ってってからな。卒業したら車関係に就職することになると思うわ」

「ならそのときは車売ってくれよ」

「高級車だぜ」

「いいよ、買ってやるよ」

そして次に二人が再び顔を合わせるのは、五年ほど後になる。そしてこの五年の間に、恐らくは決定的な何かが池谷の身の上に起きている——。

そう舘さんは語った。

※　※　※

最後に池谷に会ってから五年が経った。舘さんは大学卒業後、都内で中古車販売の営業職に就いていた。

二十代半ば。時代がバブルだったこともあり、忙殺されていた。テレビでもラジオでも、「二十四時間戦えますか」と栄養ドリンクのＣＭが流れていた。

ある日、彼は響という地元の仲間から連絡を受けた。響とは職種も近く現場でもよく顔を見る。

「お、暫くぶり。どうしてた？」

「お前最近留守電ばかりじゃねぇかよ。もう少しちゃんと連絡取れるようにしてくれよ」

響の言うこともっともだが、ずっと会社に寝泊まりしていたのだ。

「何だ、お前のところも忙しいのか」

「営業だからしょうがねぇよ。泊まり込みが多くてな。今日はたまたま早く帰宅できたんだ。で、何の用だ」

「実は池谷の奴から久しぶりに連絡があって、欲しい車があるって言われたんだけどさ、うちには弾《タマ》がないから、お前のところはどうかなって思って」

聞けば池谷が欲しがっている車種はＢＭＷだという。ただし、新車で買う金はない。新車の半額ちょっとが予算なので、中古車で良いのがあれば紹介してほしいという案件だった。

「出物があったら池谷んとこに持っていってやるよ」

「頼りにしてるぜ。これで顔が立つわ」

その後、舘さんはちょうど手元に来ていた中古車を確保し、それを池谷に売ることにした。連絡を取り合い、当時流行していた改造やドレスアップもして、予算を少しオーバーする価格で売ることになった。

準備が整い、指定された日に彼の家まで納車に行く。もう池谷は例の借家から出て、一軒家を構えていた。

「おう、池谷。車持ってきたぜ。買ってくれてありがとうな」

「いや、こっちこそ無理言っちゃってありがとうだよ」

納車を終えて世間話をしていると、彼の家の庭先に一台の車が放置されている。

「マークⅡじゃん。これ何？」

ＢＭＷからはランクが落ちるが、トヨタマークⅡもいい車だ。ぐるりと周囲を見ると、右前に何かにぶつかった跡がある。全体に錆《さび》も浮いており、放置された年月を物語っていた。

「ああ、実は処分しようと思ってたんだ。今日来たついでに下取りしてもらえる？」

「え、お前、あれくらいちょっと直せば乗れるんじゃないの」

「いや、あの車、俺には縁起悪いんだよ。下取りしたら幾らかにはなるだろ。その金は要らないから、手間だけど持っていってくれるか。処分するなり何なりはお前に任せるからさ――」

今回、ＢＭＷで儲けさせてもらった上に、また儲けさせてくれんのか。頭の中で整備に掛かる金額と販売価格とを思い浮かべて算盤《そろばん》を弾く。こんなに儲かったら美味しい話だろ。もし売れなくても、自分で足車にでもしてやればいい。

「オッケー。それじゃ無料で引き取るってことで良いね」

「ああ、頼んだ」

舘さんに車を譲渡する書類を書く間、池谷は妙に暗い笑みを浮かべていた。

このような経緯で、池谷のところから運んできたマークⅡだったが、暫く放置されていたようなので、ブレーキやら何やらをメンテナンスする必要があった。それでも元手が無料なので、販売すれば大きな儲けになる。

そこで舘さんは、マークⅡの売り先を探し始めた。自分の手元に置いておいても、日常の足として使うくらいにしか活用できない。それなら、欲しい人間に売ってしまったほうが車も喜ぶだろう。

心当たりは後輩の辻崎という男だった。

辻崎は峠の走り屋をしている。彼は現在、ドリフトの練習をしているらしい。

走り屋の中には、自分の愛車にこだわる者もいる。ただ一方で、ドリフトなどの運転技術を向上させるには練習が必要だ。それも一度や二度で習得できるものではない。

アクセルやブレーキのタイミングを身体に覚え込ませる間、ハンドル捌きの未熟な時期は、車体をガードレールに擦ったり、そこかしこをぶつけたりする。だから、練習用に購入したポンコツの中古車で走りを繰り返すのだ。

この練習車として、マークⅡを紹介しようと考えた訳だ。

「辻崎、車買わないか」

「え、車って、どういう話ですか」

突然先輩である舘さんから連絡を入れられた辻崎は、電話口で戸惑った声を上げた。

「いや、お前今ドリフトの練習してんだろ。でも練習車じゃないと、思い切り走れないよな。だから、ちょうど良い車が手元に来たから紹介しようと思ってな」

「あ、先輩そういや中古車販売の営業でしたっけ。そっかぁ、もっと前から気付いてれば良かった——」

どうやら辻崎も練習車を一台欲しがっているようだ。

「安くしてやるけど、正規ルートではなくて俺からの個人売買になるから、そこは信用して買ってもらうっていうのでいいかな。後で不具合が出たから引き取ってくれとか言われても、元値で買い戻したりはできないよ」

「そりゃ中古車ですから当然ですよ。その代わり、状態は見せてほしいですけど」

「当然それはやるけどさ。他にも改造したいところとかあれば、こっちで改造してから渡すことはできるよ。部品代と工賃はそっち持ちだけど」

「あ、お願いします」

改造費用に結構な金額が掛かったが、元値がゼロというのは大きい。それでもひと月分の給料ほどの儲けが出た。

直したときにも売ったときにも、特に異常は見当たらなかった。辻崎も納得した上で購入したはずだった。

だが、それから暫くして、ブレーキの調子がおかしいから見てほしいと連絡が入った。

「何か、きゅっと止まらないんですよ。急ブレーキ踏んでも。利くことは利くんだけれど、最初に利きが悪くて暫くラグがあるんです。何か親父のしょんべんみたいな利き方だから、気になってしょうがないんですよ」

「メンテとか入れてみたか？」

「定期的にメンテ入れてますよ。でも最初の二日くらいはいいんだけど、三日目くらいから、また元に戻っちゃうんです。何かこう、滑っている感じなんですよね」

しかし、ブレーキに関しては、納車時に二人で目視もして、問題がないことを確認している。だから、無料サポートで何かすることはできないと伝えると、辻崎は少しならお金が掛かってもいいから、ちょっと見てほしいと言った。

それなら仕事の一環だ。面倒だが仕方ないだろう。

舘さんは、知り合いの整備会社に持ち込んで、ブレーキパッドを交換したり、ブレーキのパーツをばらしてのメンテナンスを繰り返したが、辻崎は納得いかないようだった。

しかし、いつまでもこの一台に時間を取られている訳にもいかない。

「ここまで好意でやってやったけど。正直、これ以上は悪いんだけどさ、足出ちゃうから無理だわ」

そう言ってメンテナンスを打ち切った。


それから三、四カ月経ったときに、また辻崎から電話が入った。

すごい剣幕だ。

「どうなってるんですか！」

「いきなり怒鳴られても分かんねぇよ。何のことだよ。こっちは事故車ってことも、一度直してるってことも説明して、そっちも納得ずくで買ってくれたんだよなぁ。こんなに何カ月も経ってから言われたって、もうどうしようもないぞ」

寝起きを叩き起こされた舘さんは不機嫌だった。

池谷からは何も聞いていないし、そもそも正規ルートの売買ではない。きちんと書類も作っていないようないい加減な個人売買だ。納得ずくで買ったなら、それこそノークレームで、不具合が出たなら自分で直すのが当たり前だ。

「いや、こっちも言いたかないですけど、あの車、何かあるんじゃないんですか！」

「何かって何だよ」

舘さんは、何か含むものを感じた。

「言いたかないんですけど、実は俺も親父も霊感があるんですよ。そんで、あの車、そっち方面で変なことが続くんですよ」

辻崎のデタラメな主張で、舘さんの目が覚めた。

——何だよそれ。言うに事欠いてオカルトかよ。

「ちょっと何なのそれ。真面目に話してんのか」

「真面目ですよ。俺も信じたくないんですけど、あの車に乗るようになってから、どうしても見えたり聞こえたりが続くんですよ。親父も乗ったら声がしたって言い出して、俺もどうしたらいいか分かんないんですって」

当然ながら、辻崎の主張は、一般的な中古車販売では通じない理屈だ。その理屈が通るなら、どんな不調でも霊の仕業とクレームを付けることができてしまう。

そんなことも分からない奴じゃなかったはずだ。しかし、そんな男がここまで強硬に主張している以上、何かがあるのだろう。

辻崎は面倒臭い男だが、それでも可愛い後輩だ。もう一度だけ世話してやろう。

舘さんは譲歩することにした。

「分かった分かった。もう一回だけな。これで最後だから。これでダメなら、もうあの車売っちゃいな。引き取ってやってもいいよ。こっちもずっとは面倒見きれないから、そこは分かってくれよ」

そう言うと、辻崎も納得したようだった。


地元での作業が早いだろうということで、辻崎のマークⅡを地元の知り合いの整備工場に持ち込んで、ブレーキ周りの修理を依頼した。設備は古いが、腕は確かだ。

そこの社長から、お前の持ち込んだ車、おかしいから見に来てくれよと呼び出された。

車の下にもぐりこんで整備するための、地下ピットに連れ込まれて、マークⅡを覗き込むと、タイヤの車軸や泥除けに、毛が巻き付いている。

「お前、これ人跳ねただろ」

「人は跳ねてないですよ」

「誤魔化そうとするなよ。ブレーキローターのところに、房で髪の毛巻き込んでんだよ。変な匂いもするし」

確かに動物か何かを轢《ひ》いて、その毛が混じり込んでいるような、獣臭い匂いもする。

「今回はお前のこと信じるけどさ、こんな気持ち悪い車持ってくんなよ」

社長は、気持ちが悪いと言いながら全部水で流し、タイヤを外してブレーキパッドを露出させた。

「ほらこれ。何なんだよ」

確かに長い毛が絡みついている。熱で焼きついたのか、岩海苔のようにべっとりとしたタール状になっている。その中に髪の毛か、繊維質のものを混ぜ込んだかのようだ。

毛の長さを考えると動物とは考え難いが、それ以上は考えないようにする。

高圧洗浄機でこれも綺麗に取り去った。

交換するブレーキパッドは新品だが、ブレーキの利きをよくするために、火で炙る。摩擦係数を上げるために、表面を荒らすのだ。

「これで文句ないよな」

社長が言う。舘さんは礼を言い、代金を支払って風間の家まで運転していく。

途中でブレーキを掛けてみても、特に問題を感じない。

——これであいつも文句言わないだろ。

辻崎に車を戻すときに、念のために訊ねた。

「お前か親父さんか、何か動物轢いたか？　整備工場の社長が、狸とか猫とかの毛を巻き込んでるみたいだって言ってたんだけど」

だが、辻崎には何も心当たりはないようだった。

「これ以上はもうクレームは受け付けられないからな」

約束を繰り返す。辻崎も分かっているようで、次に何かあったら売ることにすると言っていた。


一週間ほど経った頃、今度は辻崎の父親から連絡が入った。

あの野郎、とうとう自分じゃなくて親父さん経由でクレーム付けてきやがった。心で舌打ちするが、話を聞いてみないと事情も分からない。

「どうしましたか」

「息子が買ったあのマークⅡ、申し訳ないんだけど、引き取ってくれませんか」

「え、どういうことですか？」

ブレーキ周りを整備してまだ一週間だ。

「こんなこと言っていいかどうか分かりませんが——。あの車、ちょっと気持ち悪いところがあるんですよ。だから引き取ってほしいんです。ついでと言っては何ですが、他の車を手配してくれませんか」

事情を訊くと、辻崎の父親は、息子の車にたまに乗っていたという。

彼は工場勤めをしているらしく、ある日、夜勤に行くために、暗くなってから件の車に乗っていったのだと説明した。

「そうしたら、信号待ちをしている最中に、足元から妙な気配がするんですよ。下を向いたら、ちょうど足元のシートの隙間から、女が顔を出していてね。もう消え入りそうな、恨めしそうな声でね。こいつじゃないって呟いて消えたんです。こんなの見ちゃったら、もう怖くて乗れないんですよ――」

舘さんは、ブレーキパッドに絡んでいた長い髪の毛のことを思い出した。

「分かりました。引き取らせてもらいます」

とにかく売って以来、クレームを入れられっぱなしだったこともあり、安価に下取りした。辻崎の父親には、新車で同等の車を紹介し、その件は一旦落ち着いた。

下取りで手元に来たマークⅡを目の前に、舘さんは足車にでもしようかと考えた。

都内から帰省してきた際に乗るために、実家の契約している駐車場にでも置いておいて、地元で気軽に乗り回す。駐車場の枠は来客用に一台分空けてある。あそこに駐めておけば問題ないだろう。

悪い考えではなさそうだった。

ただ、その車に乗り始めてから、知り合いから奇妙な指摘を受けることになった。

一人で出かけた先でも、若い女の子が助手席に座っていると指摘されるのだ。

「最近若い女の子連れ回してるね」

「店にいる間中、女の子一人車に残してるのは危なくないかい」

「あの子何処で知り合ったの？　いつも一緒にいるじゃない」

どれも全く覚えがないのだ。それだけでも気持ちが悪い。

しかし、彼にも決定的なことが起きた。

ある夜、知り合いの女性とファミレスで食事をした。

食事を済ませて店の裏にある駐車場へと移動する。マークⅡに街灯が当たって、内部がうっすらと見えた。

その助手席に歳の頃十六、七の女の子が乗っている。

――あぁ、これは確かに待たせているようにも見えるわ。

目の錯覚だと思った。もし、車の中にいるのなら、舘さんにも得体の知れないものが見えてしまったということになる。だが、俄《にわか》には信じられない。

いやいや見間違いだろうと思いながらドアを開ける。

「いつまで乗るのこの車」

助手席は空っぽだったが、車の中から聞き覚えのない若い女の声が聞こえた。

「おい、お前何か言った？」

後ろから付いてきていた連れの女性に声を掛けた。

「あんたの後ろにいたでしょ。何にも言ってないわよ」

背筋を寒いものが走り抜けた。


それだけではない。

駐車場の隣の人と夜に顔を合わせたときは、その人は不思議な顔で車を覗き込んだ。

「女性が助手席に乗っていたんですけど。出てないはずなのに、今いないんですよね。見間違いでしょうか——」

不安そうな顔でそう言われたこともある。

真夏に駐車場に車を置いていると、草を刈りにきたアパートの大家さんが声を掛けてきた。

「車の中に座っている女の人がいて、この暑いのに気の毒に思って声を掛けようとしたらいなくなっちゃったんだけど、何か訳でもあるのかい——」

ますます不安になる。

舘さんは、あの車を事情を知らない奴にでも安く売ろうと考えていたが、仲間内でも彼が女の幽霊の出る車に乗っていると噂になってしまった。

おかげで、身近には売れそうにない。

結局、実家に戻ってきたときにしか乗らない。

無駄にしているのも勿体ない。

早く誰かに売って、金に変えてしまいたかった。変な噂ともおさらばしたかったのだ。

——もういいや。投げ売りで。

当時付き合っていた中古車屋に出向いて、カーオークションに出すことにした。

金額はゼロ円からのスタートだ。

「舘君。あの車事故車だって言うけど、綺麗に直ってるから、もうちょっと上げてもいいんじゃないの。飲み代くらいにはなるでしょ」

「いや、もう売っちゃいたいんだよ」

何かあるのかと食い下がって事情を聞きたがる店長に、何もないと嘘を吐き、カーオークションに出したが、何故かさっぱり売れなかった。

「最終的に、パーツ取り用にって、佐賀県の業者が買っていったよ。でもね、お金が入ってくるかこないかの頃に、オークションやってた社長が、突然死しちゃったんだよね。朝起きたら冷たくなってたんだって。結局、店も解体しちゃってさ。その代金も振り込まれていないから大損だよ。そもそもあの車、池谷の奴のだからね——。ゲンが悪かったのさ」

館さんは、そこで一度話を区切って、言った。

「それで、やっとあいつの数珠の話になるんだよ」

※　※　※

「一時期スピリチュアルってんですか。何かお洒落とかで手首に数珠を付けている人が増えたじゃないですか。でも平成の頭くらいまでは、そういう人は全然いませんでしたね。この石は何の運勢が上がるとか、誕生石を組み込んで、みたいなのは大分最近ですよ。それよりも前は数珠と言えば仏具ですよ仏具」

館さんは笑いながらそう言うと、急に黙って難しい顔をした。

「池谷は、そんな頃からずっと手首に数珠をしてたんですよ。しかも二本」

理由もはっきりしているのだという。何故なら、館さんは直接彼から理由を聞いているからだ。

実際のところ館さんと池谷とは、そこまで親しくないのだという。

彼にＢＭＷを売って以降は、地元に戻ったときに、半年に一、二度連絡を取り合う間柄が維持されていたという。

「お前の乗ってた車、幽霊が憑いてたって話じゃないか。大丈夫なのか」

久しぶりに響から連絡があった。彼は舘さんと池谷との共通の知り合いで、中古車屋に勤めている。池谷から車を買いたいという話を紹介したのも彼だ。

「もうあの車は手放したんだよ。それでその車にも関係あるんだけどさ――」

舘さんは、彼がマークⅡで事故を起こしたのがいつだったか、その状況が知りたいんだと響に訊ねた。

「あー。俺も直接は立ち入ったことは知らないんだよ。あいつ、二十歳くらいから最近まで、何処で何してたか分かんないんだ」

周囲で詳しい奴もいないし、本人も触れたがらない。車の免許は持っているのだろうけど、どういう生活をしていたのかが分からない。

そんなことを言った後で、響は電話口で声を潜めた。

「又聞きの話で申し訳ないけどさ、ちょっと色々噂にはなってたんだ。池谷は車で人を跳ねてんじゃないかって」

――この車、人跳ねてんじゃねぇのか。

そう言った修理工場の社長の顔が頭をよぎる。

「そっか。響もよく分かんないのか。ありがとうよ。でも流石にこれは池谷に聞く訳にはいかねぇなぁ」

そう言って電話を切った。もやもやとした気持ちが残った。

この噂話は後日、別の友達からも聞くことになる。

まとめると、池谷は数年前に交通事故を起こし、初老の男性を轢き殺して数年間交通刑務所にいたということになっているらしい。

舘さんは、状況を考えると、池谷は交通事故で相手を負傷させたが、直接轢き殺してしまった訳ではなさそうだなと考えた。

更に友人関係から情報を集めていくと、田地という男が色々知っているという。

舘さんは、田地に焼肉を奢ってやるから、話を聞かせてくれと言って、彼を誘い出した。

会ってみると、確かに顔を見たことがある。池谷の舎弟のような感じだったはずだ。

話を聞くと、田地はもう池谷とは縁を切っているというが、予想通り、暫く前まではよく連《つる》んでいたらしい。

「池谷が交通事故を起こしたのは確かだよ。そんで、怪我をさせた相手に障害のようなものが残っちゃってさ、それで仕事ができなくなったらしいのよ」

田地は焼肉を頬張りながら言った。

「それを苦に相手が自殺しちゃったんだ。更に悪いことに、その相手の娘が一人残されたんだけど、自殺で生命保険も出なかったのか、一人で生きていくのも嫌だという遺書を残して、後追い自殺しちゃったんだよ。家で首を括ってさ。警察も事情聴取に来たって言ってたぜ」

胸糞の悪い話だ。

「それ以来、あいつ数珠してるんだよ。知ってるか。右手首に二本」

田地はそう言うと、次会ったら、よく見てみろと舘さんに言った。

「何で二本なんだ？」

「そりゃ二人死んでるからだろ。そんで、その事故を起こした車を、お前に下取りに出したってことだろ。事故の後で、職に就いて足が必要になった。でも人を轢いた車には乗りたくない。そこでＢＭＷを買って、お前にマークⅡを下取りに出した」

田地は店員を呼んで、ビールをお代わりした。

「それって、全部推測だろ」

「いや、そんな遠くない話だと思ってるよ。俺の中では辻褄合ってるし」

――何だよそれ。

交通事故、死者からの怨恨、二本の数珠――。

最初はあの車に何か不具合の事情があるのかを知りたいと思っただけだったが、こうも不穏なことを聞かされると、池谷本人に問いただす必要がありそうだ。

舘さんは早速池谷を喫茶店に呼び出した。

最初は車談義から踏み込んでいく。ＢＭＷの調子を訊くと、絶好調だと答えた。

確かに右手首にブレスレットでもしているように、数珠を二本巻いている。

一つ一つの球が大ぶりだ。素材は水晶と木のように見える。

それらが白黒の交互になっていた。

ファッションで着けているという訳ではなさそうだ。

――こいつ、坊さんにでもなるつもりなのか。

まだ手首にパワーストーンでできた数珠を巻くような文化の芽生える以前の話だ。舘さんが奇異に思ったのも自然なことだった。

「なぁ、池谷さ、その手首の数珠みたいなって何なの」

「ああ、これか。お守りみたいなもんだよ。気にすんな」

そこで、舘さんは響と田地から聞いた話をかいつまんで池谷に話した。

「いや、今話したみたいな感じで、仲間がお前のことで好き勝手なこと言ってたのを耳にしたんだけど、本当のところどうなんだ。俺もお前から下取りした車のことがあるから気になってさ――」

嘘ではない。もう車は手放しているが、助手席の女のことは気になっている。

「――そのことは、あまり人がいるところで話したくないんだよな。これからうちに来て飲まないか」

舘さんは池谷に誘われるまま彼の自宅に移動して、二人で差し向かいで呑み始めた。次第にアルコールが回ってくるのが分かった。

「これはブレスレットじゃなくて数珠なんだ」

池谷も酔いが回ってきたのか、自分から話し出した。

彼の言によれば、それは「寄せ付けない」ためのお守りだという。

「寄せ付けないって、結局何なんだその数珠は。宗教か何かか？」

何を近づけないためなんだと訊くと、池谷は遠い目をした。

「俺も業があるからね」

「何だ〈業〉って」

「いや、さっきお前も言ってただろ。昔、事故を起こしてさ。それだけの話だよ。直接車で轢いたりとか、ひき逃げとかはしてない。でも結果として人を殺《あや》めちゃっているから、それを背負っていかなくちゃいけないんだ。俺は心霊とかお化けとか、呪いとか祟りとか、神仏とか、そういうものは一切信じてなかったんだけど、これ、拝み屋というか、祓い屋というか。まぁ何年か前から相談するような人ができてね。その拝み屋のおばちゃんに作ってもらったんだ」

彼は酒を呷った。

「それでこの数珠が俺のことを守ってくれてるんだけど、これが弾けるときには、人が死ぬんだよ」

物騒なことをいう。

それからの池谷の言葉によると、数珠がそろそろ弾けるという前兆はどうやら分かるらしい。透明だった水晶の珠が、牛乳のように白く濁ると、間もなく切れるという。

弾けた数珠の珠は全部拾い集めて、数珠を作ってくれた拝み屋のおばちゃんのところに持っていき、新しいのを作ってもらう。珠の個数は決まっているので、紛失した場合は、新しい珠を補充してもらう。

それを何年も続けているのだと、池谷は言った。

「そんなことってあるのか」

「本当なんだよ。切れるというか、弾けるというか、俺が何もしてなくても、パーンって弾け飛ぶんだ。きっと、俺の〈業〉に耐えられないんじゃないのかな」

「そんで、お前の数珠が切れると、人が死ぬって、お前が原因じゃないのか」

池谷はその言葉に、暫く沈黙した後で答えた。

「俺には特に何にも起きないんだ。台風の目みたいなものかもしれない。ほら、台風の目って、無風状態じゃんか。それと同じかもな。厄が俺の周りだけ無風なんだ」

その言葉は、館さんの質問の答えにはなっていない。

「ただ、この数珠が切れると、よく分かんないけど人が死ぬんだよ。偶然なんだか分かんないんだけどさ。そんじゃ、そのときのことを教えてやるよ――」


池谷は、数珠が弾けたときの話を館さんに語った。

何度も、「これは秘密だからな」と念を押すように言ったが、彼の語った内容が、何処まで真実かは分からない。

池谷は交通事故を起こした後で建築関係の職に就き、やがて独立した。若くして数人の職人を使う親方となったという。

「俺が勤めていた会社で、仕事を教えてくれた師匠――社長が急に亡くなってな。そのときも数珠が弾け飛んだんだ」

社長の後を継ぐ形で兄弟子を引き入れ、新しい会社を興したのだ。

「俺以外に仕事の全貌を理解できてる奴がいなくてさ。今もその会社を経営してるよ。職人を雇うとさ、車を増やしたりするだろ。そこは舘と上手くやっていきたいんだよ」

調子のいいことを言う。

池谷の話はそこで終わらなかった。

「次に数珠が弾けたのは、雇っていた職人が五階建てのマンションの足場から落ちたときだったよ」

現場で働いている最中に数珠が弾けた。

何かあったのかと、監督小屋を出ると、今まさに職人が空中を舞っているところだった。

工事現場の金属音が響く中、駆けつけたのは池谷一人だった。落ちた職人に近寄ると、本来ならば着けなければならない安全帯を着けていなかった――。

池谷は少し言葉を切り、俺の周りで人が死ぬ前には、数珠が弾けるんだと断言した。

その事件の話は、舘さんは、事前に田地から聞いていた。

「そのままだと、労災だとしても保険が下りないからね。池谷は、虫の息の職人を放ったまま、安全帯を取ってきてね。救急車を呼んだときに、職人が苦しがったから、安全帯を外したって説明してたんだよ。狡いだろ」

職人は搬送された病院で亡くなった。池谷は安全帯を着けていたと工作し、労災として事故処理したらしい。

「随分と親身になってアレコレと折衝して回ってたからね。あいつ、普段ならそんなことはやらないから。後ろめたいことがあったんだろうって噂になってたよ。そんな狡い奴なんだ」

小狡《こずる》いことをやってやがる——。

腹を立てた舘さんは、そのことを池谷に指摘してやろうかと思ったが、大人気ないのでやめておいた。

酔った池谷は、もう次の話に移っていた。

「次は、最近、うちの会社の事務方の一人が、逃げたときの話だ」

経理をやってた社員が、資材の代金を立て替えているから、それを支払ってほしいと要求を出していた。

金額を訊くと、二百万円だという。大金だ。

もし本当に立て替えているのなら、当然その分は会社から支払われなくてはならない。

その社員にも生活がある。

立て替えさせて悪かったと伝え、銀行に行かないと今すぐは持ち合わせがないから、明後日の朝に渡すと約束をした。

だが、池谷が銀行から下ろした現金を用意していた朝に、数珠が弾けた。

何故かその日、約束していたにもかかわらず、その社員は会社に顔を出さなかった。

何があったのだろうかと気にしながら夜まで会社で仕事をしていると、北陸の警察から、電話が入った。

その経理担当の社員が、断崖から海に飛び込んで命を絶ったという報告だった。

寝耳に水だ。何故北陸にいるのか。何故自殺したのか。訳が分からない。

会社でも調査を行った。すると、亡くなった社員は、実は代金を立て替える前だったらしい。どうやら計画は立案済みで、今後会社の金を使い込もうとしていたようだということが明らかになった。もし、立て替えていたという金を支払っていたら、横領をされてしまうところだった。

だが、不自然だ。行動が支離滅裂すぎないか。

金を受け取ろうという当日に会社に顔を出さず、何故か、その前祝いで北陸に温泉旅行に出かけ、芸者遊びに興じていた——そんなことがあるだろうか。

池谷も不審に思ったが、どうにも考えたところで、解決しそうになかった。

なので、その社員に、精神的に何かおかしいところがあったのだろうと結論づけた。

「な。数珠が弾けると、俺の周りで死人が出るんだよ——。これで信じただろ」

池谷は、泡の消えたビールを飲み干すと、温いビールは不味いなと笑顔を見せた。

その三つの話を聞いて、舘さんは違和感を覚えた。

池谷の周りで、人が死にすぎているのも気持ちが悪かったが、三つの話には、共通点があるように思えたからだ。

自分のところの社長が偶然亡くなり、そこを引き継ぐ形で会社を興した。

本来なら労災にならない形で職人が亡くなったが、労災扱いにできた。

業務上横領をされそうになったが、事前に社員は自殺した。

確かにどれも池谷自身に責任がある問題ではないのかもしれない。

数珠によって不幸から護られていると池谷は言っているが、ちょっと違わないか。

数珠が池谷の役に立とうとして、定期的に人の命を吸っている——そんな気持ち悪さがあった。

「面白い話ありがとうよ。今日は帰るよ。また会社で車が必要になったら声掛けてくれ。準備するからさ」

そう言って、舘さんは池谷の家を後にした。

舘さんが逃げるようにして、その場を離れたのには理由がある。

池谷の話を聞いている間に、どんどん体温が下がっていったからだ。

奴の話に出てきた数珠を与えた拝み屋とやらが、背後から舘さんのことを窺《うかが》っていたのではないか——そんなことを信じそうになる。

馬鹿馬鹿しい。全部偶然だ。そう頭から否定しようとした。

だが、もし万が一にでも、池谷が、俺に狙いを付けていたとしたら——？

舘さんは自分の身に何かが起きるのではないかと不安を覚えた。

※　※　※

舘さんが池谷と会って数珠の話を聞いてから、まだそんなに日も経っていない週末のことだった。車を取りに行ってくれないかと電話が入った。ついでにそこにある書類も持ってきてほしいとのことだった。

場所を訊くと、市民公園の駐車場の奥にある細道に鍵を挿したたまま駐めてあるという。

その車は親戚の車なので、許可をもらっているから解体処分してくれとのことだった。

「何だその急な話は。あと鍵って——おい！」

池谷は話の途中で一方的に電話を切った。何度折り返しても電話に出ない。

仕方ない野郎だ。

放っておいても別段問題はないと思ったのだが、そのまま放置しておく訳にもいかないだろう。車を盗まれてもややこしいことになる。

——レッカー車を手配して、手数料を吹っかけてやればいいか。

舘さんはそう判断して、レッカー車を手配すると、指示にあった市民公園にまで出かけていった。


指定の場所に車が駐まっている。近づいてドアを開けると、酷い臭いがした。

確認すると、運転席の天井の辺りは、赤黒くなっている。これは血痕か。

そちらも気になったが、より不穏な気持ちになったのは、生臭いような、獣臭いような、異様な臭いが車内を満たしていることだった。

あの野郎、何て仕事を依頼してきやがった！

　本来なら池谷本人が取りに来て、解体業者にまで持ち込むはずの案件だ。彼は自分がやりたくないからと、騙し討ちのような形で舘さんに処分を依頼したのだ。

　確かに鍵は挿さっている。ガソリンもまだ入っている。

　仕方ない。解体屋までは持っていくか。そこから先は知らねぇや——。

　レッカー車には、公園から最寄りの解体業者まで、その車を運ぶように依頼した。勿論その解体業者も古馴染みで、色々と融通が利く。

　持ち込んだ車は、一応洗浄しておいてほしいと伝えた。

　廃車にするか、それともパーツ取りに使って、少しでも利鞘を稼ぐか。

　まだ舘さんは決めかねていた。

　どちらにしても解体は必要だ。廃車にするなら、解体後にナンバープレートを持って、陸運局で廃車手続きをすることになる。

　舘さんは社長に依頼すると、書類を持って池谷の家に足を運んだ。

　池谷の家には誰もいなかったので、郵便受けに書類を突っ込んで帰った。

　帰宅するとその車屋から留守電が入っていた。折り返し電話すると、社長が出た。

「お前、あの車何があったの」

事情は知らない。客から解体してくれと頼まれた旨を伝えると、社長は困ったなぁと呟いた。

「あの車、中で猫かなんか死んで、ずっと放置されてたんじゃないの？　獣の脂の臭いって、染み込んじゃうと取れないんだよ。一応洗浄剤使って洗浄したけど、あれは使い物にはならないんじゃないかな。あんな臭い車はもう勘弁してくれよ」

社長に謝罪し、手数料は上乗せすると伝えた。

パーツ取りをするにも、あの臭いと格闘するのは躊躇われた。

確認のために廃車にして良いかと池谷に伝えると、廃車にしてくれとのことだった。

もういいやと解体屋の社長に連絡して、その車は四角く潰して鉄屑にした。


「おい池谷、この間の血まみれの臭っせぇ車は何なんだよ」

「ああ、あれか。悪かったね」

池谷はまるで気にしていないかのような顔で謝罪の言葉を口にすると、あの車がどうして公園に駐めてあったのかの説明を始めた。

「実は俺の親戚の話なんだけどさ、もうずっと心の病で長患いしてた人がいたんだ。その人が自暴自棄みたいになると、死んでやる死んでやるって、いつも言ってたのよ。でもまさか本当にやるとは思わなかったよ」

つまりはその親戚が車内で自殺未遂か自殺をした車だというのだ。

「どうやら散歩の人が救急車を呼んでくれたらしくてね。不審な車がいるからって近づいたら、車内は血まみれだし、首に大きなカッターナイフを刺した男が、運転席でだらんとしてるっていうんで通報したらしいんだわ」

その散歩の人というのも災難だ。

「幸い、すぐに救急車で搬送されたからか、命だけは助かったんだけどさ、完全に精神がいっちゃってるから、もう一生病院通いだろうな。自殺未遂でおかしくなっちゃったんだろうよ。俺のことも全然分からないし」

どうも酷い状態なようだ。

「それよりも、その前日に数珠が飛んでたんだよ。舘にも言ったことあるだろ。やっぱり数珠が飛ぶと色々あんだよ――」

やけに嬉しそうなのが気持ちが悪い。

彼は飛び散った珠を拾い集めて、また拝み屋の元に持っていったのだと語った。

「――こんな感じで、あいつが絡むと、碌なことにならないんですよ」

舘さんはぼやいた。

それから一年と経たずに、このとき世話になった解体業者は廃業してしまったという。不審火の火事で全焼して夜逃げしたらしく、その後ずっと連絡が取れない。

嫌な感じだ。

「でね。俺ももう関わりたくないし、距離を置こうと思ったんですよ。でも見栄っぱりなのか、その後、割といい車を買ったりしてくれたりもしたんだけどね。手間も掛からない上客だったのは確かなんだけど、命のほうが惜しいでしょ」

しかし、付き合いを完全に切ることはできなかった。

同窓会をやると言えば出てくる。

出てきたら、舘さんのところまでまっすぐ来て一緒に呑もうぜと誘ってくる。

「しゃしゃり出てきて、場違いなところに狭まってきてる感じなんだよ。仲間でもないのに、何故か集会に顔を出してるとかさ、誰が呼んだか分からないのに、その場にいるとかさ。誰も連絡取っていないのに、久しぶり久しぶりって、唐突に現れるんだよ」

そんな感じで、ずっと付き纏われているのだと、舘さんは困ったような顔を見せた。

※　※　※

そのうち池谷は結婚し、子供にも二人恵まれた。

舘さんが紹介されたときには、その家族全員の手首に、池谷と同じ数珠が巻かれていた。

奥さんだけでなく、子供達も皆している。子供達は学校に行くときにもその数珠を付けているという。どれも拝み屋のおばちゃんが作ってくれたものだと説明を受けた。

「数珠を外すと、大なり小なり、何か不幸なことが起きるんだよ」

池谷はこれ以上ないくらいに真面目な顔をした。

子供達が怪我をしたり、奥さんが包丁で大きな怪我をしたこともある。

周囲の人間に流血沙汰が起きたり、取引先で不渡が出たこともある。

「おばちゃんがいうには、家族が数珠を外すと、そこから不幸が解放されるらしいんだよ。簡単に言えば不幸が飛び火するんだ。だから家族には肌身離さず着けておけって言い含めてあるんだ」

あるとき、舘さんが池谷と二人で呑んでいると、突然前触れもなく数珠が弾けた。

木と水晶を交互に配置した数珠だ。

その水晶が、どれも気持ちが悪いほど白く濁っている。

池谷は弾け飛んだ珠を一生懸命探し始めた。

「これが起きると人が死ぬからな。俺は大丈夫だけど、家族が死ぬかもしれないし、他の身近な奴が死ぬかもしれない。気を付けないと――」

誰に聞かせるでもなく、そんな独り言をぶつぶつと言いながら、床を這うようにして珠を探している。

その頃から池谷はおかしくなっていたのかもしれない。

後に、舘さんはコンビを組んでいる仲間の職人が不審な死に方だったと聞かされた。

やはり、近くにいると巻き添えを食らう可能性がありそうだ。

舘さんはそれを恐れていた。

だが、あるときから、池谷の様子が完全におかしくなった。

「おばちゃんが、亡くなったんだ」

ある日、池谷は舘さんの家までやってきて、そう告げた。

それ以来、数珠が弾けることがなくなったらしい。

以前は一年に一回くらいの頻度で弾けていたが、今はもう何年も切れていない。

池谷の家族が、あまり上手くいっていないとの噂が流れてきたのもこの頃からだ。

彼本人も身体を悪くしたのか。いつも土気色の顔をしている。噂では、ずっと医者通いをしているらしい。死人みたいな顔色で荒んだ生活をしていると、もっぱらの評判だった。

館さんも、たまたま池谷にあったときに、身体の具合はどうだと訊ねたことがある。

「ダメだな。おばちゃんが死んじゃってから、身体が悪くなっちまっててさぁ。食ってんだけど、どんどん痩せてってるんだよね。筋肉もなくなって、重いものも持てなくなってきて、職業柄、そんなことでは困るんだけどな。でも、健康診断では何も悪いって出ないんだよ——」

池谷は自嘲するような笑顔を見せた。

——ああ、この野郎は、数珠が効かなくなったんだな。

暗い笑顔を眺めながら、館さんはそう思った。


「池谷か。最近会ってないな」

響から電話が掛かってきたときに、池谷の話を振ったことがある。

「今、あいつどうしてるの。館知ってるか?」

逆に訊かれてしまった。

「俺もどうしてるか詳しくは知らないんだよな。でも、あいつずっと一人らしいよ」

そう答えると、響は鼻で笑った。

「あいつは人を騙すのが上手い男だけど、そういうのって、必ずメッキが剥がれるよな。自分が構ってほしいときだけ出てくるような奴だから、そのうち周りから誰もいなくなるとは思っていたよ」

散々な言い方だ。

——あいつには徳がないんだよ。

中学のときに、同級生が言っていた池谷評を思い出した。

池谷は、その当時から、陰険なならず者で、何を考えているのか分からなかった。

喧嘩っ早いとか、考えなしとか、気が短いとは違っていた。

人間の言葉が通じないような感じだ。

一時期は、そのような雰囲気は鳴りを潜めていたが、それこそ数珠で封じ込められていたのかもしれない。

「池谷か、あいつこの間離婚したって聞いたぞ」

最近舘さんは友人からそんな話を聞いた。親権も取られて、今は子供達にも会えないらしい。

——結局、あいつの周りには誰も残らないんだな。

しかし、彼に取って舘さんは依然利用価値があるらしく、ちょくちょく電話が掛かってくる。勿論舘さんは、二度と深入りするつもりはない。

「色々な頼み事も、全て自分本位だからね。図々しいにも程があるよ。でも、あいつはそこが理解できないらしいよ。自分の不幸を弾き飛ばして分散させてるんだろう。でなかったら、何であいつの周りで四人も五人も死んでいるかの説明が付かないしね。そんで、もし数珠が切れたら不幸が飛び火するのが本当だったなら、それならそれで、他人への関わり方ってもんがあるだろ」

舘さんは据えかねるといった調子で捲し立てると、次のように付け加えた。

あいつももう長くないよ。あいつの数珠の水晶は、もう本当に真っ白に濁り切っていたからね——。

あとがき

　ここまで一気に読み通された方も、何度も躊躇いながらも読み通された方も、まず最初にあとがきをお読みになっている方も、皆様どうもお疲れ様です。

　御無沙汰しております。又は初めまして。著者の神沼三平太です。

　まえがきでも書きましたが、本書には過去の書籍ではページ数の関係もあって、掲載が難しかった話を書かせていただきました。具体的には本書最終話の「数珠の主」ですが、この話を最初に聞かせていただいたのが二〇一三年のことですから、おおよそ十年にも亘ってお待ちいただいたことになります。著者としても、肩の荷が下りたような、宿題を終えられたような、そんな気持ちです。

「あぁ、この頃はまだ現地に乗り込んで取材することもできたな」などと、執筆中に懐かしく思い返してしまいました。

　無理ならぬことですが、今では遠隔での取材が中心で、久しく顔を合わせていない体験者さんがほとんどになってしまっています。

　さて、二〇二〇年から始まった新型コロナウィルスによるパンデミックで、嫌が応にも世界が大きく様変わりしてしまいました。昨年の「実話怪談　吐気草」のあとがきに引き続き、記録として、ここに二〇二二年二月初めの状態を書き残します。我が国では東京オリンピックの後、新規感染者数は激減し、一時は封じ込めに成功しかけたかのようでした。しかし、年末からのオミクロン変異株の感染拡大により感染状況は急激に悪化。二〇二二年二月二日現在、東京では一日の新規感染者数二万人、全国では九万五千人を超える状態です。そんな長い長いトンネルを手探りで進んでいくような、先を見通せない状況が続いていますが、せめて希望だけは捨てないでいきたいと思います。

それでは最後に、いつもの感謝の言葉を。まずは何より体験談を預けて下さった体験者の皆様。取材に協力して下さった皆様。編集の加藤さん。いつも生温かく見守ってくれる家族。そして本書をお手に取っていただいた読者の方々に最大級の感謝を。

皆様くれぐれも御自愛下さい。去年も書きましたが、同様の言葉で締めさせていただきます。去年の今頃はコロナ大変だったね。そんなことを朗らかに言い合える日々が早く訪れますように。

それではお互い命がありましたら、またどこかで。

二〇二二年二月二日　　　　　　　　　　　　　　神沼三平太

実話怪談 凄惨蒐

2022年3月 7 日　初版第一刷発行
2022年6月25日　初版第二刷発行

著者……………………………………………………………………………神沼三平太
カバーデザイン……………………………………………橋元浩明（sowhat.Inc）

発行人…………………………………………………………………………後藤明信
発行所………………………………………………………………株式会社　竹書房
〒102-0075　東京都千代田区三番町8-1　三番町東急ビル6F
email: info@takeshobo.co.jp
http://www.takeshobo.co.jp
印刷・製本………………………………………………………中央精版印刷株式会社